3 1994 01507 2371

SANTA ANA PUBLIC LIBRARY

D0871483

WORD 2013

ANA MARTOS RUBIO

SP 005.52 MAR
Martos, Ana
Word 2013

$18.50
CENTRAL   31994015072371

Todos los nombres propios de programas, sistemas operativos, equipos hardware, etc., que aparecen en este libro son marcas registradas de sus respectivas compañías u organizaciones.

Reservados todos los derechos. El contenido de esta obra está protegido por la ley, que establece penas de prisión y/o multas, además de las correspondientes indemnizaciones por daños y perjuicios, para quienes reprodujeren, plagiaren, distribuyeren o comunicasen públicamente, en todo o en parte, una obra literaria, artística o científica, o su transformación, interpretación o ejecución artística fijada en cualquier tipo de soporte o comunicada a través de cualquier medio, sin la preceptiva autorización.

Edición española:

© EDICIONES ANAYA MULTIMEDIA
(GRUPO ANAYA, S.A.), 2013
Juan Ignacio Luca de Tena, 15.
28027, Madrid
Depósito legal: M.5.083-2013
ISBN: 978-84-415-3369-1
Printed in Spain

Índice

I

INTRODUCCIÓN

Windows 8, la nueva versión del sistema operativo más popular del mundo, nos ha traído una novedad muy interesante y muy práctica. Es Office 2013, la última versión de la suite de programas que Microsoft creó hace muchos años para facilitar y mejorar todo tipo de trabajos administrativos.

Entre los programas que componen la suite Office 2013, Word es sin duda el más utilizado y conocido porque convierte la tarea de escribir en un arte y en un placer.

Si usted ha trabajado anteriormente con otras versiones de Microsoft Word, encontrará en ésta novedades que atañen tanto a la lectura de textos como a la escritura, algunas tan útiles como la distribución automática del texto en torno a las imágenes o el nuevo zoom que convierte en un dedo el puntero del ratón para que pueda ampliar los gráficos o las tablas. Si es su primer encuentro con Microsoft Word, comprobará que es el procesador de textos más completo, más versátil y más fácil de utilizar que cabe imaginar.

En cualquiera de los dos casos, este libro le guiará de forma sencilla, cómoda y práctica a través de las numerosas posibilidades y facetas de este programa. Con él aprenderá a conocerlo, a explotar sus recursos y a adaptarlo a la medida de sus gustos y sus necesidades.

Este no es un libro de lectura, sino un libro de prácticas. Ábralo junto a su ordenador, ponga Word 2013 en marcha y recorra estas páginas ejecutando paso a paso las tareas que le interesen. Explore y profundice en los ejercicios prácticos y pronto conseguirá el dominio del programa.

1

Conozca Word 2013

Word 2013 está comprendido en la suite ofimática Microsoft Office 2013, que incluye diversos programas.

INSTALACIÓN

Instalar Office 2013 es muy fácil porque el proceso es automático. Al insertar el disco que contiene el programa en el lector de CD-ROM, Windows muestra el cuadro de diálogo Reproducción automática sugiriendo varias acciones, entre ellas, instalar o ejecutar el programa. Acepte esa opción haciendo clic en ella o pulsando la tecla **Intro**.

Si es la primera vez que se instala Office y no hay una versión anterior, el programa de instalación da a elegir entre dos opciones:

- Instalar ahora. Instala la suite completa. Es la opción más recomendable si se carece de experiencia.

- Personalizar. Permite elegir los programas a instalar y seleccionar los componentes de cada uno. Esta modalidad es para usuarios con experiencia.

Si tiene instalada una versión anterior de Office, el programa de instalación mostrará dos opciones:

- Actualizar. La nueva versión 2013 se instalará sobre la antigua, eliminándola.

- Personalizar. El programa le preguntará si desea actualizar la versión anterior o conservar la antigua e instalar la nueva en otra carpeta. Si desea mantener ambas, haga clic en el botón de opción Mantener todas las versiones anteriores. Si tiene instalados programas de otras versiones y no las versiones completas, podrá elegir los programas a mantener activando las correspondientes casillas de verificación, como muestra la figura 1.1.

Truco: A pesar de que Office 2013 convive con versiones anteriores, como Office 2007 ó 2010, es posible que Word le dé problemas al trabajar indistintamente con una u otra, porque a veces precisa reinstalar algún componente compartido y la puesta en marcha de cada versión se hace muy lenta. Para mantener dos versiones del programa, es recomendable cambiar la carpeta de destino de una de ellas, al instalarla, haciendo clic en la pestaña Ubicación de archivos del programa de instalación y eligiendo una carpeta distinta en el disco duro (véase la figura 1.1), creada ex profeso para ello.

Figura 1.1. El programa de instalación permite mantener distintas versiones de Office.

Al final de la instalación aparece un cuadro de diálogo que le invita a obtener actualizaciones del programa cuando las haya. Para cerrarlo y empezar a trabajar con Word, haga clic en **Cerrar**.

Activación de Office 2013

La activación de Office es un proceso muy sencillo guiado por un asistente que solicitará la clave del producto. Si no se activa, al cabo de un tiempo pierde la mayoría de las funciones.

- Para comprobar si el producto está activado haga clic en la pestaña Archivo y después en la opción Cuenta. Si el programa necesita activación, encontrará un mensaje escrito en rojo en la zona derecha de la ventana indicando que se requiere activar el producto, así como el enlace Cambiar la clave en el que hacer clic para escribir la clave del producto (véase la figura 1.2).

- Si no es necesaria la activación o ya se ha activado, en lugar del mensaje de activación, la ventana Cuenta mostrará datos del producto.

> Acerca de Microsoft Word
> Más información sobre Microsoft Word
> soporte técnico, id. del producto y copyright.
> MSO (15.0.4128.1014) 32 bits

Nota: La clave del producto es una serie de números y letras de 25 caracteres que encontrará en un adhesivo pegado a la caja del disco de Office 2013. Después de escribir esta clave, puede registrar Microsoft Office a través de Internet, siguiendo unas sencillas instrucciones del Asistente. Si lo desea, también puede activar el producto por teléfono con ayuda del servicio de atención al cliente de Microsoft. El teléfono de Atención al Cliente es 902-197-198.

Figura 1.2. Si es preciso activarlo, la opción Cuenta muestra un mensaje en rojo y un enlace para escribir la clave.

Modificar la instalación o desinstalar Office

Después de instalar Office 2013 es posible añadir o quitar funciones o programas, reparar la instalación o desinstalar el programa.

PRÁCTICA:

Para modificar la instalación de Office 2013, hay que hacer lo siguiente:

1. Haga clic en el icono **Buscar**, en el extremo derecho de la pantalla de Windows 8.

2. Haga clic en la barra de desplazamiento para desplazarse a la derecha de la pantalla y ver las Aplicaciones de Windows.

3. Haga clic en Panel de control. Se encuentra bajo el epígrafe Sistema de Windows.

4. Seleccione Programas>Programas y características.

5. Seleccione Microsoft Office 2013 y haga clic en la opción Cambiar de la barra de herramientas (véase la figura 1.3 en la siguiente página).

6. El cuadro de diálogo que aparece ofrece cuatro opciones:

   - Agregar o quitar funciones. Es la opción predeterminada. Haga clic en **Continuar** para añadir un programa no instalado o quitar una función que no utilice. En la pestaña Opciones de instalación, seleccione el programa o función a modificar, haciendo clic en la flecha abajo para elegir si instalarlo o no.

   - La opción Reparar es útil si observa irregularidades en el comportamiento del programa por haberse deteriorado algún componente.

   - La opción Quitar desinstala Office completamente. Utilícela si tiene varias versiones de Office y quiere desinstalar una versión completa. Recuerde que se desinstalará la versión que haya seleccionado en el Panel de control, sobre la que haya hecho clic.

   - La opción Escriba una clave de producto permite activar y registrar Office si aún no lo ha hecho.

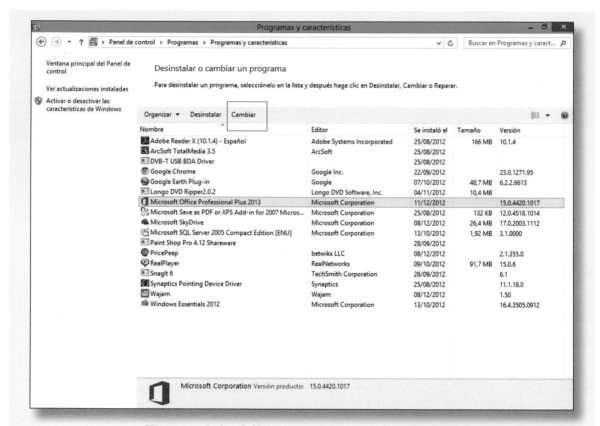

Figura 1.3. Office en el Panel de control.

Advertencia: Tenga en cuenta que los programas de instalación no se limitan a descomprimir y copiar los archivos en una carpeta del disco duro, sino que copian e instalan accesos, bibliotecas y rutinas en diversos lugares del equipo. Por tanto, es muy importante no eliminar un programa borrándolo o borrando la carpeta, sino que se debe utilizar el programa de desinstalación, si lo tiene. Si no tiene programa de desinstalación, hay que emplear el cuadro de diálogo Programas y características del Panel de control de Windows, seleccionar la aplicación y hacer clic en la opción Desinstalar.

Truco: La forma más cómoda de desinstalar un programa es localizar su mosaico en la pantalla Inicio de Windows 8, hacer clic con el botón derecho del ratón sobre el mosaico y seleccionar la opción Desinstalar en el menú que aparece en la parte inferior de la pantalla.

ABRIR Y CERRAR WORD 2013

Una vez instalado Office 2013, Windows 8 crea un mosaico para cada uno de los programas de la suite. Los encontrará en el extremo derecho de la ventana Inicio. Arrastre la barra de desplazamiento hacia la derecha para ver todos los mosaicos creados (véase la figura 1.4).

Para poner en marcha un programa, solamente hay que hacer clic en el mosaico correspondiente.

Truco: No olvide que puede trasladar los mosaicos al lugar que desee, simplemente haciendo clic en el mosaico y arrastrándolo con el ratón hasta el lugar deseado. Cuando suelte el botón del ratón, el mosaico se habrá trasladado al nuevo lugar. De esta manera puede colocar Word o los programas que más utilice en un lugar más accesible y cómodo.

Figura 1.4. Windows 8 crea un mosaico para cada uno de los programas.

Libros: Encontrará toda la información sobre Windows 8 en el libro de esta misma colección *Windows 8*.

PRÁCTICA:

Lleve Word 2013 al Escritorio de Windows 8:

1. Localice el mosaico Word en la pantalla Inicio de Windows 8.

2. Haga clic sobre él con el botón derecho del ratón.

3. En el menú que se despliega en la parte inferior de la ventana, haga clic en la opción Anclar a la barra de tareas (véase la figura 1.4).

4. Ahora podrá poner Word en marcha desde el Escritorio, haciendo clic en el botón que queda anclado a la barra de tareas.

Nota: La primera vez que ponga Word en marcha, aparecerá una ventana solicitando su aprobación para instalar todas las actualizaciones de Office que Microsoft genere. Acepte la configuración recomendada o haga clic en el botón de opción Preguntarme más tarde. Haga clic en **Aceptar** para cerrar esta ventana.

A continuación y también esta primera vez, aparecerá una ventana de bienvenida que le invitará a hacer un recorrido por las funciones del programa. Si no desea realizar el Paseo, haga clic en el botón **Cerrar** que tiene forma de aspa y se encuentra en la esquina superior derecha de la ventana.

Para salir de Word 2013, hay que hacer clic en el botón **Cerrar** que tiene forma de aspa, situado en la esquina superior derecha de la ventana.

Si tiene abiertos documentos en diversas ventanas, solamente se cerrará la ventana activa. Para cerrarlas todas, haga clic con el botón derecho del ratón en el icono de Word 2013 en la barra de tareas de Windows y seleccione Cerrar todas las ventanas en el menú contextual que vemos en la figura 1.5.

Figura 1.5. El botón de Word en la barra de tareas del Escritorio con el menú contextual.

Si quiere cerrar unas ventanas y mantener otras abiertas, aproxime el ratón al botón de Word en la barra de tareas. Cuando aparezcan las miniaturas de los documentos que tiene abiertos, acerque el ratón a la que quiera cerrar y haga clic en su botón **Cerrar**.

Figura 1.6. Las miniaturas de los documentos abiertos en distintas ventanas.

LA VENTANA DE WORD 2013

La ventana de Word 2013 tiene los elementos que muestra la figura 1.7.

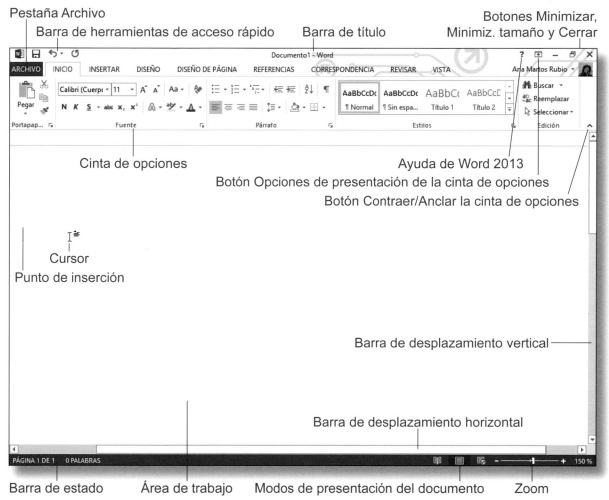

Figura 1.7. La ventana de Word 2013.

Los elementos de la ventana de Word 2013

La ventana de Word 2013 tiene los elementos siguientes:

- La zona central en blanco, llamada área de trabajo, donde se inserta el texto.

- La barra de título situada en la parte superior, indicando el título del documento. Observe que en la figura 1.7 se llama *Documento1*. Es el nombre que Word le asigna hasta que el usuario lo guarda y le da un nombre adecuado.

- Los botones **Minimizar**, **Minimiz. tamaño** y **Cerrar**, situados en el extremo derecho de la barra de título, similares a los de todas las ventanas de Windows.

  - **Minimizar** convierte el programa en un botón de la barra de tareas de Windows que se despliega de nuevo haciendo clic sobre él.

  - **Minimiz. tamaño** modifica el tamaño de la ventana contrayéndola o extendiéndola a toda la pantalla. Si está contraída, el botón se llama en **Maximizar**.

  - **Cerrar** cierra la ventana

Las barras de desplazamiento

Word muestra una barra de desplazamiento vertical cuando la longitud del documento excede el tamaño de la ventana y muestra una barra de desplazamiento horizontal cuando la página del documento es más ancha que la ventana.

Su comportamiento es similar al de las restantes barras de desplazamiento de las ventanas de Windows. Hay que hacer clic en la barra y arrastrarla hacia abajo o hacia la derecha para acceder a la zona no visible del documento.

La cinta de opciones

La cinta de opciones está situada encima del área de trabajo, inmediatamente debajo de la barra de título. Se compone de diversos elementos y permite acceder a numerosas herramientas que vemos a continuación.

El botón **Opciones de presentación de la cinta de opciones**, situado en la parte superior derecha de la ventana de Word, permite controlar el aspecto de la cinta.

PRÁCTICA:

Haga clic en el botón **Opciones de presentación de la cinta de opciones** para ver los distintos modos que ofrece el menú.

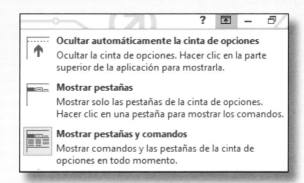

Figura 1.8. El menú para controlar la cinta de opciones.

Pantalla completa

El botón anterior permite configurar el comportamiento habitual de la cinta de opciones. Lo más práctico es mantenerla visible para tener a mano todas las fichas y herramientas que contiene. Pero, si estorba, se puede esconder para ampliar el área de trabajo y ver el documento en modo Pantalla completa. Para ello, solamente hay que hacer clic en el botón **Contraer la cinta de opciones**, situado en el extremo derecho de la cinta. Con ello, únicamente se ven las pestañas de las fichas (figura 1.9).

Para visualizar de nuevo la cinta, haga clic en cualquiera de las fichas. Una vez desplegada, el botón anterior se habrá convertido en **Anclar la cinta de opciones.** Haga clic en él para hacerla visible de forma permanente.

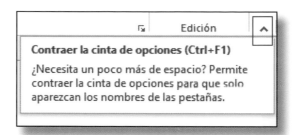

Figura 1.9. El botón para contraer la cinta de opciones.

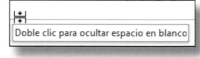

Truco: Si necesita ampliar más el espacio para trabajar con el documento, aproxime el ratón al espacio en blanco situado bajo la cinta de opciones. Cuando se convierta en una doble flecha que apunta arriba y abajo, haga doble clic para cerrar el espacio en blanco. Si desea recuperar ese espacio posteriormente, haga de nuevo doble clic en el mismo lugar.

Las fichas de la cinta de opciones

- Las fichas. Cada ficha está dedicada a una tarea y contiene grupos de comandos o botones reunidos de forma lógica. En la figura 1.7 puede verse el nombre de las fichas: Inicio, Insertar, Diseño, Diseño de página, Referencias, Correspondencia, Revisar y Vista. De forma predeterminada, la ficha activa es Inicio. Para pasar a cualquier otra ficha basta hacer clic en la pestaña correspondiente.

PRÁCTICA:

Pruebe a hacer clic en el nombre de las diferentes fichas de la cinta de opciones para verlas completas.

- Grupos. Cada grupo está diferenciado de los demás con un recuadro. En la ficha Inicio, por ejemplo, se distinguen 5 grupos: Portapapeles, Fuente, Párrafo, Estilos y Edición. Véase la figura 1.7.

- Comandos, herramientas y funciones. El grupo Portapapeles de la ficha Inicio, que es el primero por la izquierda, muestra los comandos Pegar y Portapapeles, así como tres botones correspondientes a otras tantas herramientas: Cortar, Copiar y Pegar formato.

PRÁCTICA:

Haga clic en la ficha Inicio si no está visible. Haga clic en algunos comandos para observar los resultados. Para conocer la función de un botón o comando, aproxime el cursor sin hacer clic y espere unos segundos. Enseguida aparecerá la información de herramientas. Pruebe a acercar el cursor a diversos botones para ver el resultado.

- Menús desplegables. Al hacer clic en algunos de los botones o comandos contenidos en las distintas fichas, se despliega un menú con diversas opciones. Por ejemplo, el comando Guiones de la ficha Diseño de página despliega un menú cuando se hace clic en él.

PRÁCTICA:

Haga clic en la ficha Diseño de página si no está visible. Observe el grupo Configurar página. Haga clic en el comando Guiones para ver el menú que se despliega.

- Cuadros de diálogo. Son ventanas que permiten seleccionar distintas acciones. El extremo inferior derecho de algunos de los grupos que componen cada ficha lleva incorporado un botón **Iniciador de cuadro de diálogo**, que despliega el cuadro o panel correspondiente.

PRÁCTICA:

Pruebe a acercar el cursor al botón **Iniciador de cuadro de diálogo** del grupo Portapapeles de la ficha Inicio para ver la información. Es el pequeño cuadro con una flecha que se ve en el extremo inferior derecho del grupo.

A continuación, haga clic en el mismo lugar para desplegar el panel. Puede cerrar el panel Portapapeles haciendo clic en el botón **Cerrar**, que tiene forma de aspa, en el extremo superior derecho.

Figura 1.10. Al acercar el ratón al botón iniciador, aparece la información. Al hacer clic, se despliega el panel o cuadro de diálogo correspondiente.

PRÁCTICA:

Abra el cuadro de diálogo Configurar página, haciendo clic en la ficha Diseño de página y a continuación en el botón **Iniciador de cuadro de diálogo** del grupo Configurar página. Practique y explore los cuadros y paneles de las distintas fichas de la cinta de opciones.

El panel de navegación

El panel de navegación aparece cuando se activa un comando que requiere su asistencia, por ejemplo, Traducir o Buscar. Se acopla al lado derecho de la ventana del documento y ejerce la función de guía para el comando que usted haya activado.

Se cierra haciendo clic en el botón **Cerrar** con forma de aspa que aparece en la esquina superior derecha. Para volver a visualizarlo, hay que hacer clic en la ficha Vista y activar la casilla de verificación Panel de navegación del grupo Mostrar.

PRÁCTICA:

Conozca el panel de navegación:

1. En la ficha Inicio, haga clic en el comando Buscar.

2. Observe que el panel de navegación muestra una casilla para llevar a cabo una búsqueda. Aprenderemos a buscar en un capítulo posterior.

3. Puede cerrarlo haciendo clic en el botón **Cerrar** con forma de aspa que aparece en la esquina superior derecha.

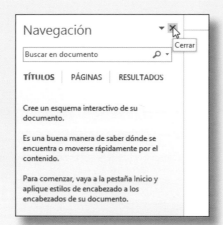

Figura 1.11. El Panel de navegación aparece cuando se activa un comando que lo precisa.

La barra de herramientas de acceso rápido

La barra de herramientas de acceso rápido está situada en la parte superior izquierda de la ventana. Contiene botones que facilitan el acceso directo a algunas funciones, como Guardar o Deshacer. Pero es posible añadir otras funciones y comandos que se utilicen con frecuencia.

PRÁCTICA:

Pruebe a agregar un comando a la barra de herramientas de acceso rápido.

1. Haga clic en el botón **Personalizar barra de herramientas de acceso rápido**, para desplegar el menú. Está situado en el extremo derecho de la barra y muestra una pequeña flecha abajo.

2. Seleccione en el menú el comando o comandos que le parezcan más interesantes. Por ejemplo, Nuevo le permitirá abrir un nuevo documento con un solo clic.

Impresión rápida le permitirá imprimir un documento con un solo clic, utilizando los parámetros de impresión que haya configurado anteriormente.

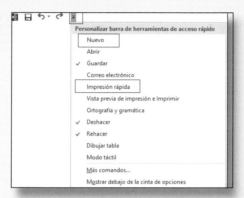

Figura 1.12. El menú para personalizar la barra de herramientas de acceso rápido.

3. Para eliminar un comando instalado, haga clic sobre él para quitar la marca. Siempre podrá agregarlo de nuevo desplegando el menú y haciendo clic sobre su nombre para volver a colocar la marca.

4. Si lo desea, puede agregar cualquier botón o comando de la cinta de opciones a la barra de herramientas de acceso rápido. Para ello, haga clic con el botón derecho sobre el comando o botón y seleccione Agregar a la barra de herramientas de acceso rápido en el menú que se despliega.

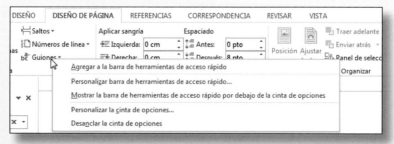

Figura 1.13. El menú contextual de cada comando permite agregarlo a la barra de herramientas de acceso rápido.

LA VISTA BACKSTAGE

Office 2013 denomina "vista Backstage" a la vista posterior del programa que contiene las opciones del menú Archivo. Se accede a ella haciendo clic en la pestaña Archivo, situada a la izquierda de la cinta de opciones.

Se cierra haciendo clic en la flecha que apunta a la izquierda, situada en el extremo superior del menú (véase la figura 1-14). Con ello se vuelve al documento activo. La vista Backstage tiene varias fichas, a las que se accede haciendo clic en las opciones de igual nombre:

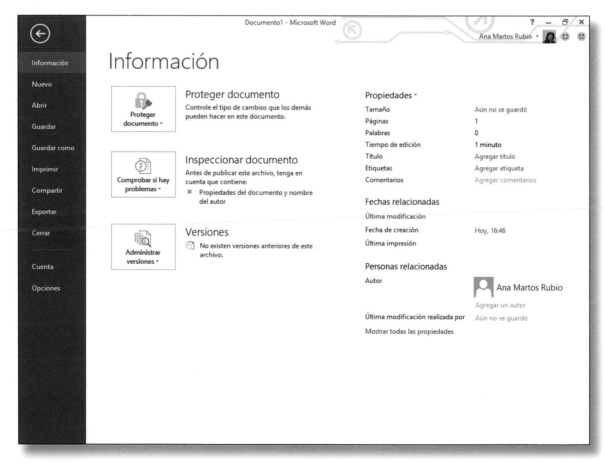

Figura 1.14. Las opciones del menú Archivo en la vista Backstage.

- Información. Muestra toda la información disponible sobre el documento activo. A la derecha de la ventana aparecen las propiedades del documento, con el tamaño, autor o autores, páginas, etc.

- Nuevo. Da acceso a la ventana para crear un nuevo documento y utilizar las plantillas disponibles.

- Abrir y Cerrar. Se emplean para abrir y cerrar documentos.

- Guardar y Guardar como. Se emplean para guardar los documentos.

- Imprimir. Muestra una vista del documento tal y como se imprimirá. Ofrece opciones para modificar márgenes, orientación, número de copias, impresora a emplear, etc.

- Compartir. Permite enviar el archivo por correo electrónico o guardarlo en el espacio personal de Windows SkyDrive en Internet.

- Exportar. Permite guardar documentos en formato PDF para leerlos con un programa como Adobe Reader o un lector de libros electrónicos.

- Cuenta. Tiene opciones para iniciar sesión en Internet o activar Office.

- Opciones. Abre el cuadro de diálogo Opciones de Word con diversas fichas para personalizar el programa.

PRÁCTICA:

Haga clic en las distintas opciones de la vista Backstage. Vea las fichas y examine el cuadro de diálogo Opciones de Word. Utilizaremos las más importantes a lo largo del libro.

La Ayuda de Word 2013

Encontrará la Ayuda en un botón con una interrogación que se encuentra en la esquina superior derecha de la cinta de opciones. Al hacer clic en él, se despliega un cuadro con explicaciones detalladas de los distintos procesos y tareas. También puede pulsar la tecla **F1** del teclado del ordenador.

PRÁCTICA:

Conozca la Ayuda de Word 2013 haciendo clic en el icono marcado con una interrogación. Cuando se despliegue el cuadro de diálogo, haga clic en los distintos temas para verlos. Escriba una palabra en la casilla de búsquedas y haga clic para conseguir ayuda.

La barra de estado

La barra de estado de Word 2013 se halla en el extremo inferior de la pantalla. Se compone de varios elementos:

- Número de página del documento. Aparece en el extremo izquierdo de la barra.

- Número de palabras del documento. Aparece a continuación. Realiza el recuento de palabras que incluye el texto.

- Idioma. Indica el idioma que se utiliza para escribir.

- Vistas del documento. Contiene botones para visualizar el documento en Modo de lectura, Diseño de impresión o Diseño Web.

- Nivel de zoom. Indica el porcentaje de ampliación del documento. Contiene un control deslizante que se puede mover a derecha o izquierda para ampliar o reducir el documento.

PRÁCTICA:

Pruebe a hacer clic en el control deslizante del zoom y arrástrelo a la derecha y a la izquierda para comprobar el resultado.

Figura 1.15. El texto se amplía al hacer clic en la opción Acercar.

La barra de estado tiene también un menú contextual que se despliega al hacer clic en ella con el botón derecho del ratón. Este menú permite activar y desactivar opciones haciendo clic en ellas.

Otros elementos de Word

Además de los elementos que hemos visto, Word ofrece menús contextuales y una paleta especial de formato.

Los menús contextuales son menús que se despliegan al hacer clic con el botón derecho del ratón en un lugar determinado del documento. Se llaman contextuales porque ofrecen opciones relativas al contexto en el que aparecen.

Como ejemplo, hemos visto el menú contextual de la barra de estado y el de los comandos de la cinta. Para visualizar el menú contextual del documento y acceder a la paleta de formato, simplemente hay que hacer clic con el botón derecho del ratón en cualquier lugar del área de trabajo.

PRÁCTICA:

Haga clic con el botón derecho del ratón sobre el área de trabajo, en cualquier documento que tenga abierto, aunque sea un documento en blanco. Observe que aparece el menú contextual y cerca de él (encima, debajo o junto a él, según el lugar), la paleta de formato con opciones para formatear el texto.

- El menú contextual y la paleta se cierran al hacer clic fuera de ellos.

- El menú contextual contiene algunas de las opciones de la ficha Inicio, como Copiar, Párrafo o Sinónimos y otras opciones de otras fichas, como la opción Traducir que se encuentra en la ficha Revisar.

- La paleta de formato, aparece junto con el menú contextual al hacer clic con el botón derecho en el área de trabajo. Ofrece opciones para aplicar formato al texto similares a las que se encuentran en la ficha Inicio, como Color de fuente, Alinear o Viñetas.

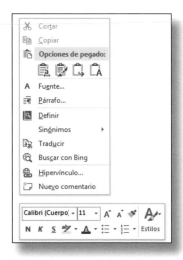

Figura 1.16. El menú contextual del área de trabajo y la paleta de formato aparecen aunque el documento esté en blanco.

ABRIR Y CERRAR UN DOCUMENTO

- Para abrir un documento en blanco, haga clic en la opción Documento en blanco (véase la figura 1.17). Si ha agregado el comando Nuevo a la barra de herramientas de acceso rápido, haga clic en él (véase la figura 1.12).

- Para abrir un documento existente, haga clic en la opción Abrir otros documentos. (Véase la figura 1.17.) A continuación, haga clic en Equipo y después en Examinar

- Para cerrar un documento, haga clic en la pestaña Archivo y después seleccione le opción Cerrar situada al final del menú.

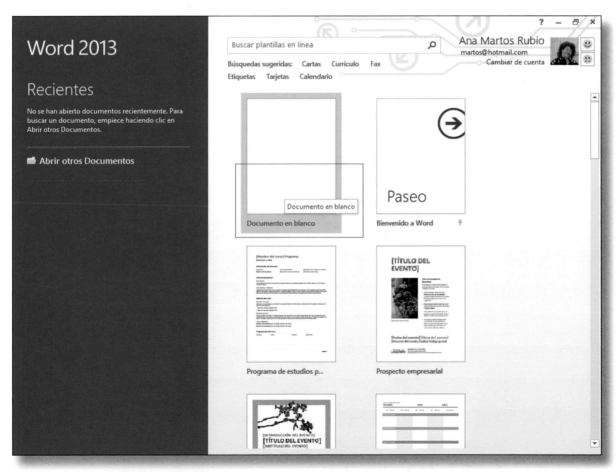

Figura 1.17. Opciones para abrir un documento.

2

LEA Y ESCRIBA CON WORD 2013

Word 2013 ofrece numerosas herramientas para leer, escribir y modificar texto. Todas ellas son muy útiles y fáciles de manejar.

LAS TECLAS

Para escribir con Word 2013 hay que utilizar las teclas alfabéticas y numéricas del teclado del ordenador. Pero hay otras teclas que conviene tener en cuenta:

Tabla 2.1. Las teclas que utiliza Word.

Tecla	Lo que hace
	La tecla **Tab** inserta una tabulación.
	La tecla **Intro** inserta un punto y aparte, una línea en blanco.
	La tecla **Mayús** escribe con mayúsculas mientras está pulsada.
	La tecla **Bloq Mayús** mantiene fijas las mayúsculas.
	La tecla **Retroceso** retrocede un espacio y borra un carácter hacia atrás.
	La tecla **Supr** borra un carácter hacia adelante o borra un texto u objeto seleccionado.
	La **Barra espaciadora** inserta un espacio en blanco a cada pulsación.

INSERTAR TEXTO

Ante todo, hay que distinguir los conceptos de punto de inserción y cursor.

- El punto de inserción es una barra vertical que parpadea en el área de trabajo de Word. Es el lugar preciso en el que se va a insertar el texto que escriba. Si utiliza un comando o una herramienta, se aplicará exactamente al lugar en el que se encuentre el punto de inserción. Por ello, antes de actuar, es preciso hacer clic para situar el punto de inserción en el lugar deseado. El punto de inserción se desplaza escribiendo o haciendo clic en otro lugar.

- El cursor es el puntero del ratón que se desplaza al mover el ratón. En Word, el cursor tiene forma de I mayúscula cuando se encuentra en el área de trabajo.

- Si el documento está en vista Diseño de impresión, la I mayúscula puede llevar adherido un símbolo que indica la alineación del texto o la sangría.

- El puntero del ratón tiene forma de flecha cuando apunta a una ficha, a una herramienta o a un comando.

PRÁCTICA:

Practique con los elementos que acabamos de ver:

1. Ponga Word en marcha haciendo clic en su botón de la barra de tareas del Escritorio. Si no lo ha anclado a la barra de tareas, haga clic en el mosaico Word en la pantalla Inicio de Windows 8.

2. Haga clic en Documento en blanco. Se abrirá un nuevo documento con el punto de inserción parpadeando en la parte superior izquierda del área de trabajo, invitando a escribir. También puede ver en la figura 2.2 el cursor en forma de I mayúscula con un símbolo que indica que el texto se alineará a la izquierda.

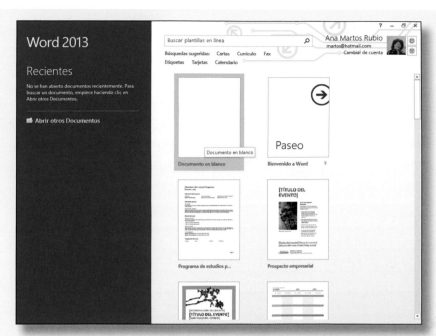

Figura 2.1. La opción Documento en blanco abre
un nuevo documento en la ventana de Word.

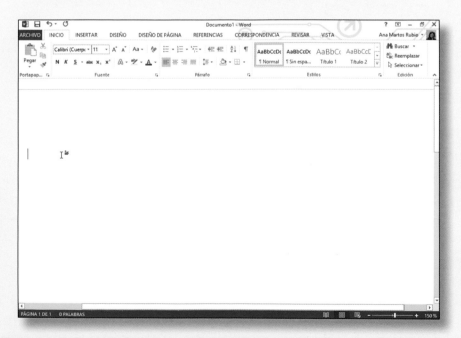

Figura 2.2. Al iniciarse, Word 2013 presenta un documento
en blanco con el punto de inserción parpadeando
y el cursor indicando la alineación del texto.

3. Escriba el título que quiera dar a su escrito. Observe que el punto de inserción se desplaza a medida que escribe.

4. Pulse la tecla **Intro**. Observe que con ello se inserta un retorno de carro. Púlsela tantas veces como líneas en blanco quiera dejar entre el título y el texto.

5. Si desea insertar un salto de tabulación al principio del texto, pulse la tecla **Tab** antes de empezar a escribirlo.

6. Escriba el texto todo seguido, sin pulsar la tecla **Intro**. Observe que al llegar al final de la pantalla, la escritura pasa automáticamente a la línea siguiente. Pulse la tecla **Intro** sólo si precisa insertar un punto y aparte.

Escribir números

El teclado del ordenador (véase la figura 2.3) tiene una fila de teclas numéricas (2) encima de las teclas alfabéticas (1), con las que puede escribir números. También puede utilizar el teclado numérico de la derecha (3), pulsando previamente la tecla **Bloq Núm**.

Entre el teclado alfanumérico y el numérico, hay un grupo de teclas de desplazamiento (4) que se utilizan para moverse por el documento.

La función Hacer clic y escribir

Word 2013 permite iniciar la escritura en cualquier lugar del documento. Para empezar a escribir en un lugar cualquiera del documento, solamente hay que hacer doble clic en él y comenzar la escritura. El punto de inserción se desplazará a ese lugar.

Teclas numéricas (2)   Teclas de desplazamiento (4)

Teclas alfabéticas (1)   Teclado numérico (3)

Figura 2.3. El teclado.

El modo de presentación del documento

El modo del documento se selecciona en la barra de estado, donde puede elegirlo. Para cambiar de modo, solamente hay que hacer clic en el botón correspondiente.

- El modo Diseño de impresión muestra el documento completo, con la cinta de opciones, las herramientas y todo lo necesario para editarlo y modificarlo (véase la figura 2.4 en la siguiente página)

- El modo Lectura muestra el documento como un libro electrónico en dos columnas, de forma que se puede leer, pero no se puede escribir en él. Para desplazarse, hay que hacer clic en las flechas que aparecen en los márgenes y que apuntan a derecha o a izquierda (véase la figura 2.5).

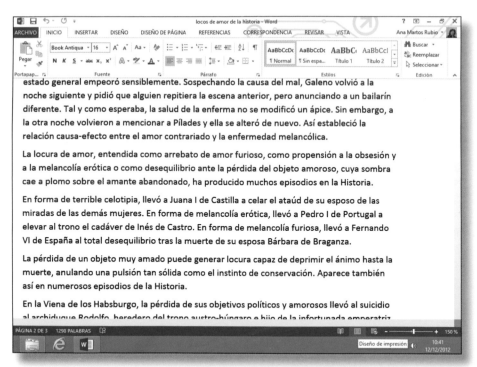

Figura 2.4. El texto en vista Diseño de impresión listo para modificarlo.

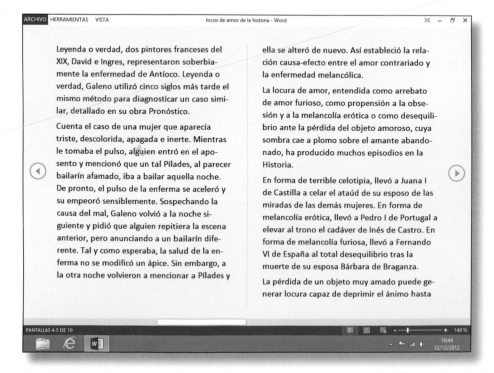

Figura 2.5. El texto en modo Lectura aparece como un libro electrónico.

- El modo Diseño web se utiliza para crear páginas Web con Word. Muestra el texto y los contenidos de la misma forma en que aparecerán en la página Web.

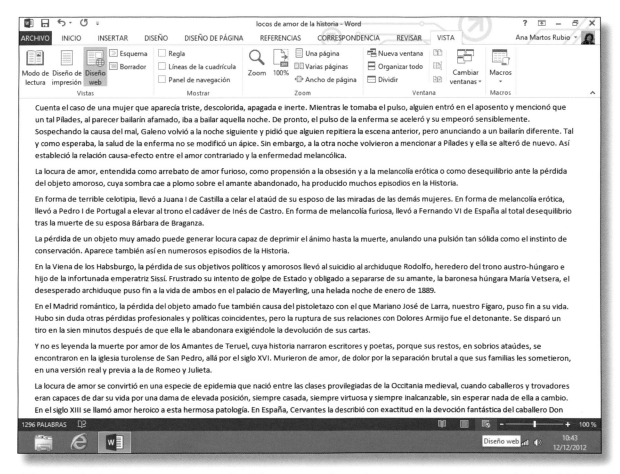

Figura 2.6. El texto en modo Diseño web apto para crear una página Web.

Truco: Si ha utilizado otras versiones de Word y echa de menos el modo Borrador, lo encontrará haciendo clic en la ficha Vista y seleccionando el comando Borrador, en el grupo Vistas situado en el extremo izquierdo de la cinta de opciones.

El modo inserción

Word trabaja en modo inserción, es decir, si escribe encima de un texto existente, éste no se borra, sino que el nuevo texto desplaza al antiguo. Eso facilita la corrección de errores y, sobre todo, ofrece la posibilidad de insertar nuevo texto en cualquier lugar de un texto existente sin borrarlo.

PRÁCTICA:

Inserte una frase en medio de un texto. Puede crear el texto escribiendo cualquier cosa:

1. Haga clic en el lugar del texto en el que quiera insertar la nueva frase.
2. Escriba la nueva frase. El texto a la derecha se desplazará para dejar espacio al nuevo.

PRÁCTICA:

Inserte espacios en blanco en un texto.

1. Haga clic en el lugar del texto en el que quiera insertar el espacio o espacios en blanco.
2. Pulse la **Barra espaciadora**. El texto a la derecha se desplazará tantos espacios como pulsaciones.
3. Para insertar líneas en blanco, pulse la tecla **Intro** tantas veces como líneas desee.

Los caracteres ocultos

No todo el texto es visible. Word oculta los espacios en blanco, las marcas de fin de párrafo y otros caracteres que ocupan un lugar en el documento, pero que no deben visualizarse.

PRÁCTICA:

Para visualizar los caracteres ocultos del documento, haga clic en el botón **Mostrar todo** del grupo Párrafo de la ficha Inicio. Eso le permitirá averiguar el motivo por el que un texto se desplaza o una palabra queda mal situada. Con ellos a la vista, podrá borrar las marcas que indican espacio en blanco o salto de párrafo.

Para dejar de ver los caracteres ocultos, haga clic de nuevo en el botón **Mostrar todo**.

No·sabemos·si·fue·casualidad·o·tino,·pero·cuenta·Plutarco·que·un·día,·mientras·el·médico·de·la· corte,·Erasístrato·de·Chíos,·tomaba·el·pulso·al·Príncipe,·acertó·a·entrar·en·la·estancia· Estratonice,·su·joven·y·bella·madrastra·y,·al·momento,·el·pulso·del·joven·se·aceleró,·su·cuerpo· tembló·y·todo·él·se·conmocionó·visiblemente.·¶
El·médico·comprendió·inmediatamente·el·origen·del·mal·que·aquejaba ············a· Antíoco·y·lo· puso·en·conocimiento·del·Rey,·advirtiéndole·del·riesgo·de·muerte·que·corría·el·joven·si·su·mal· no·se·remediaba·con·premura.·Seleuco·Nicátor·se·entristeció·sobremanera,·porque·se·trataba· del·heredero·de·la·corona·y·de·su·adorada·esposa,·pero·tomó·una·decisión·heroica·y·cedió· Estratonice·a·su·hijo.·Perdió·a·su·esposa·pero·recuperó·a·su·heredero.¶
Leyenda·o·verdad,·dos·pintores·franceses·del·XIX,·David·e·Ingres,·representaron· soberbiamente·la·enfermedad·de·Antíoco.·Leyenda·o·verdad,·Galeno·utilizó·cinco·siglos·más· tarde·el·mismo·método·para·diagnosticar·un·caso·similar,·detallado·en·su·obra·*Pronóstico*.·¶
Cuenta·el·caso·de·una·mujer·que·aparecía·triste,·descolorida,·apagada·e·inerte.·Mientras·le· tomaba·el·pulso,·alguien·entró·en·el·aposento·y·mencionó·que·un·tal·Pílades,·al·parecer· bailarín·afamado,·iba·a·bailar·aquella·noche.·De·pronto,·el·pulso·de·la·enferma·se·aceleró·y·su· estado·general·empeoró·sensiblemente.·Sospechando·la·causa·del·mal,·Galeno·volvió·a·la· noche·siguiente·y·pidió·que·alguien·repitiera·la·escena·anterior,·pero·anunciando·a·un·bailarín· diferente·Tal·y·como·esperaba·la·salud·de·la·enferma·no·se·modificó·un·ápice·Sin·embargo·

Figura 2.7. El botón Mostrar todo permite visualizar y eliminar espacios en blanco o saltos de párrafo innecesarios.

En la figura 2.7, puede ver un texto que muestra espacios en blanco. Al hacer clic en el botón **Mostrar todo** hemos comprobado un error señalado en el ejemplo y es que hemos insertado inadvertidamente demasiados espacios en blanco entre palabras. Ahora podemos borrarlos como si fuera texto, pulsando la **Retroceso** o la tecla **Supr**.

Observe asimismo las marcas de párrafo visibles en la figura. Son similares al botón **Mostrar todo**. Word inserta una de esas marcas cada vez que usted pulsa la tecla **Intro** y distingue así los párrafos.

DESPLAZAMIENTO EN EL TEXTO

Para desplazarse en el texto se puede utilizar el ratón o el teclado. Con el ratón, basta hacer clic en el lugar del texto al que quiera desplazarse. También se pueden mover las barras de desplazamiento de la ventana.

- Para desplazarse una línea arriba, hay que hacer clic en el botón de desplazamiento superior de la barra de desplazamiento vertical.

- Para desplazarse una línea abajo, hay que hacer clic en el botón de desplazamiento inferior de la barra de desplazamiento vertical.

Si el texto es más ancho que la ventana, aparece la barra de desplazamiento horizontal en la que hay que hacer clic para desplazarse hacia la derecha o hacia la izquierda.

Con el teclado, hay que utilizar las **Teclas del cursor** (véase la tabla 2.2).

 **Advertencia:** Si mueve el cursor para desplazarse en un documento, tenga en cuenta que el punto de inserción no se desplaza. Si borra o aplica cualquier acción, no se aplicará al lugar en que se encuentre el cursor, sino al lugar en que se encuentre el punto de inserción. Para desplazar el punto de inserción, haga clic en el lugar al que quiera moverlo. Sin embargo, las teclas del teclado sí desplazan el punto de inserción. Observe en la figura 2.8 lo distantes que se encuentran el punto de inserción (arriba) y el cursor (abajo).

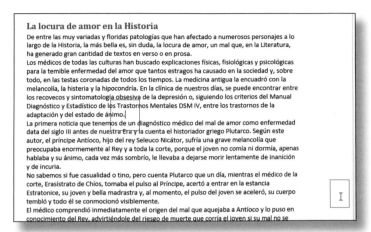

La locura de amor en la Historia

De entre las muy variadas y floridas patologías que han afectado a numerosos personajes a lo largo de la Historia, la más bella es, sin duda, la locura de amor, un mal que, en la Literatura, ha generado gran cantidad de textos en verso o en prosa.

Los médicos de todas las culturas han buscado explicaciones físicas, fisiológicas y psicológicas para la temible enfermedad del amor que tantos estragos ha causado en la sociedad y, sobre todo, en las testas coronadas de todos los tiempos. La medicina antigua la encuadró con la melancolía, la histeria y la hipocondría. En la clínica de nuestros días, se puede encontrar entre los recovecos y sintomatología obsesiva de la depresión o, siguiendo los criterios del Manual Diagnóstico y Estadístico de los Trastornos Mentales DSM IV, entre los trastornos de la adaptación y del estado de ánimo.

La primera noticia que tenemos de un diagnóstico médico del mal de amor como enfermedad data del siglo III antes de nuestra Era y la cuenta el historiador griego Plutarco. Según este autor, el príncipe Antíoco, hijo del rey Seleuco Nicátor, sufría una grave melancolía que preocupaba enormemente al Rey y a toda la corte, porque el joven no comía ni dormía, apenas hablaba y su ánimo, cada vez más sombrío, le llevaba a dejarse morir lentamente de inanición y de incuria.

No sabemos si fue casualidad o tino, pero cuenta Plutarco que un día, mientras el médico de la corte, Erasístrato de Chíos, tomaba el pulso al Príncipe, acertó a entrar en la estancia Estratonice, su joven y bella madrastra y, al momento, el pulso del joven se aceleró, su cuerpo tembló y todo él se conmocionó visiblemente.

El médico comprendió inmediatamente el origen del mal que aquejaba a Antíoco y lo puso en conocimiento del Rey, advirtiéndole del riesgo de muerte que corría el joven si su mal no se

Figura 2.8. Mover el ratón no supone desplazar el punto de inserción. Hay que hacer clic en el lugar de destino.

Tabla 2.2. Teclas para desplazarse en Word.

Tecla	Descripción
↑	**Flecha arriba**, para desplazarse una línea arriba.
↓	**Flecha abajo**, para desplazarse una línea abajo.
→	**Flecha dcha**, para desplazarse un carácter a la derecha.
←	**Flecha izda,** para desplazarse un carácter a la izquierda.
7 Inicio	**Inicio**, para desplazarse al principio de la línea.
1 Fin	**Fin**, para desplazarse al final de la línea.
9 RePág	**RePág**, para desplazarse una pantalla arriba.
3 AvPág	**AvPág**, para desplazarse una pantalla abajo.
Control 7 Inicio	**Control-Inicio**, para ir al principio del documento.
Control 1 Fin	**Control-Fin**, para ir al final del documento.

SELECCIONAR TEXTO

Seleccionar texto sirve para aplicar un comando o una acción a todo el bloque de texto seleccionado. Por ejemplo, para borrar un trozo de texto de una sola vez, hay que seleccionarlo y pulsar la tecla **Supr**. Para formatear dos párrafos de manera distinta al resto al texto restante, hay que seleccionarlos y después elegir el formato. Los elementos seleccionados aparecen de color más oscuro que el resto.

- Para seleccionar una palabra, hay que hacer doble clic en ella.

- Para seleccionar un párrafo, hay que hacer clic en cualquier lugar del párrafo. Basta con que el punto de inserción se encuentre dentro del párrafo para seleccionarlo.

- Para seleccionar todos los caracteres de un párrafo, hay que hacer clic sobre él tres veces seguidas.

- Para seleccionar un trozo de texto de cualquier extensión, hay que hacer clic al principio y arrastrar el ratón hasta el final sin soltar el botón.

- Para seleccionar una frase, hay que pulsar la tecla **Control** y hacer clic en cualquier lugar de la frase.

- Para seleccionar una línea, hay que apuntar con el ratón al principio de la línea hasta que se convierta en una flecha y entonces hacer clic. Puede verlo en la figura 2.9. Observe que el texto de la línea seleccionada aparece más oscuro que el resto.

jóvenes súbditas, sin jamás detenerse a considerar las consecuencias de sus actos ni volver a acordarse de las desdichadas. Él tenía cuantas esposas deseaba, aunque solamente amaba a sus tres favoritas, las más bellas de su harén, Tieya, Kramoth y Vodey, tres hermanas tan

Figura 2.9. El cursor se convierte en una flecha en el extremo de la línea.

- Para seleccionar todo el documento, hay que pulsar a la vez las teclas **Control** y **E**..

- Para quitar una selección, basta hacer clic en cualquier lugar del documento que no esté seleccionado.

Truco: Seleccionar un párrafo haciendo clic en su interior únicamente sirve para aplicar un formato a ese párrafo. Si se trata, por ejemplo, de copiar o borrar el texto de un párrafo completo, es necesario seleccionar todos los caracteres del párrafo, arrastrando el ratón sobre ellos desde el principio al final o bien haciendo triple clic sobre el párrafo. Para comprobar que se ha seleccionado todo el texto, bastará con ver si ha cambiado de color, como el texto de la línea que muestra la figura 2.9.

BORRAR TEXTO

Hay dos teclas que permiten borrar texto, **Retroceso** y **Supr**.

PRÁCTICA:

Borre una palabra del texto y después un carácter:

- Haga clic para colocar el punto de inserción al final de la palabra o carácter a eliminar y pulse la tecla **Retroceso** tantas veces como caracteres desee borrar.

- Haga clic para colocar el punto de inserción delante de la palabra o carácter a eliminar y pulse la tecla **Supr** tantas veces como caracteres a borrar.

PRÁCTICA:

Ahora borre un trozo del texto que haya escrito anteriormente:

1. Haga clic al principio del texto y arrastre el ratón sin soltar el botón izquierdo hasta el final del bloque a eliminar.

2. Cuando el texto a borrar esté seleccionado, pulse la tecla **Supr**.

DESHACER Y REHACER

La barra de herramientas de acceso rápido ofrece dos botones muy interesantes:

- **Deshacer**. Deshace la última acción ejecutada.
- **Rehacer**. Repite la última acción ejecutada.

PRÁCTICA:

Practique con los botones **Deshacer** y **Rehacer**:

1. Escriba unas líneas de texto o utilice las escritas anteriormente.

2. Haga doble clic sobre una palabra para seleccionarla.

3. Pulse la tecla **Supr** para borrarla.

4. Haga clic en el botón **Deshacer** de la barra de herramientas de acceso rápido para volver a ver la palabra.

5. Haga clic en el botón **Rehacer** de la barra de herramientas de acceso rápido para volver a borrarla.

6. Haga clic al final de un párrafo cualquiera para mover ahí el punto de inserción.

7. Pulse la tecla **Intro** para insertar una línea en blanco.

8. Haga clic en el botón **Rehacer** de la barra de herramientas de acceso rápido para repetir la inserción de línea en blanco.

9. Haga clic dos veces en el botón **Deshacer** para eliminar las dos nuevas líneas en blanco.

Truco: Recuerde que estos botones deshacen o rehacen siempre la última acción. Si necesita deshacer una acción que no sea la última, haga clic en la flecha abajo del botón **Deshacer** y observe todas las acciones que ha realizado hasta llegar a la que desea deshacer. Puede deshacerla haciendo clic en ella, pero tenga en cuenta que también se desharán las acciones posteriores. Windows almacena las acciones en una pila y va colocando la última que se realiza encima de todas, en primer lugar.

COPIAR, CORTAR Y PEGAR

Word 2013 permite copiar un texto en cualquier lugar del mismo u otro documento o eliminarlo de un lugar y situarlo en otro. La diferencia entre los comandos Copiar y Cortar es que el primero mantiene el original intacto, mientras que el segundo lo elimina.

Windows almacena en un lugar del disco duro llamado Portapapeles el objeto copiado o cortado más recientemente, de manera que luego se puede pegar tantas veces como se desee y en tantos lugares como sea preciso.

PRÁCTICA:

Practique con los botones **Copiar** y **Pegar**:

1. Escriba unas líneas de texto o utilice las escritas anteriormente.

2. Seleccione una línea de texto llevando el ratón al inicio y haciendo clic cuando se convierta en una flecha.

3. Haga clic en el botón **Copiar** del grupo Portapapeles de la ficha Inicio. Está situado en el centro, a la derecha del grupo.

4. Haga clic en otro lugar del documento que no contenga texto, para colocar el punto de inserción.

5. Haga clic en el botón **Pegar** del grupo Portapapeles de la ficha Inicio. La línea de texto se copiará a ese lugar.

6. Haga clic en otro lugar del documento que contenga texto.

7. Haga clic en el botón **Pegar** del grupo Portapapeles de la ficha Inicio. La línea de texto se copiará a ese lugar, empujando hacia la derecha al texto existente.

PRÁCTICA:

Practique con los botones **Cortar** y **Pegar**:

1. Escriba dos o tres párrafos de texto o utilice lo escrito anteriormente.

2. Seleccione un párrafo haciendo clic en él rápidamente tres veces seguidas.

3. Haga clic en el botón **Cortar** del grupo Portapapeles de la ficha Inicio. Tiene un icono en forma de tijeras. El párrafo desaparecerá.

4. Haga clic en otro lugar del documento que no contenga texto, para colocar el punto de inserción.

5. Haga clic en el botón **Pegar** del grupo Portapapeles de la ficha Inicio. El párrafo se trasladará a ese lugar.

6. Haga triple clic en otro párrafo para seleccionarlo.

7. Haga clic en el botón **Pegar** del grupo Portapapeles de la ficha Inicio. El párrafo cortado reemplazará al seleccionado.

El Portapapeles de Word 2013

El Portapapeles de Windows solamente puede almacenar un objeto a la vez, de forma que si se copia o corta otro, sustituye al anterior. Pero el Portapapeles de Word 2013 permite almacenar 24 objetos que pueden ser caracteres, trozos de texto, imágenes o cualquier otro elemento contenido en un documento.

PRÁCTICA:

Aprenda a utilizar el Portapapeles de Word:

1. Haga clic en el pequeño botón **Iniciador del cuadro de diálogo** del grupo Portapapeles de la ficha Inicio, para desplegar el panel de tareas Portapapeles. Quedará acoplado a la izquierda de la ventana de Word.

2. Observe el contenido del panel. Es posible que haya contenidos de una acción anterior de copiar o cortar. Si no está vacío, haga clic en el botón **Borrar todo**.

3. Haga doble clic en una palabra del texto para seleccionarla.

4. Haga clic en el botón **Copiar** del grupo Portapapeles de la ficha Inicio. La palabra aparecerá en el panel de tareas Portapapeles.

5. Haga clic y arrastre el ratón para seleccionar cualquier trozo de texto.

6. Haga clic en el botón **Copiar** del grupo Portapapeles de la ficha Inicio. El texto se situará en el Portapapeles encima del anterior. Así se va formando la pila.

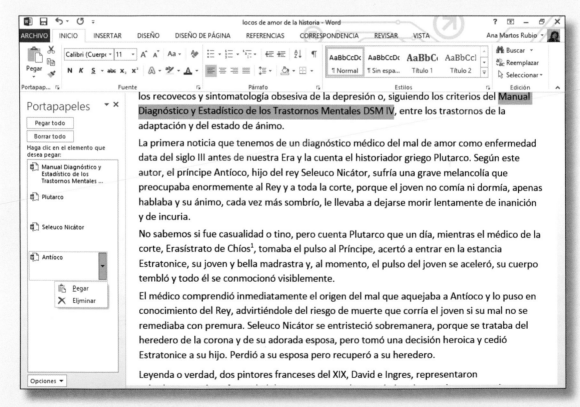

Figura 2.10. El Portapapeles de Word va colocando al principio el último objeto copiado o cortado.

7. Continúe copiando o cortando palabras, caracteres o trozos de texto para comprobar cómo se van situando encima de los anteriores. Si copia más de 24 elementos, el primero copiado se eliminará del Portapapeles.

8. Haga clic en el lugar del documento donde desee insertar cualquiera de los contenidos del Portapapeles.

9. Haga clic en el contenido del Portapapeles que desee insertar. Observe que el contenido se copia pero no desaparece del Portapapeles. Puede insertarlo tantas veces como desee. El menú le permite también eliminar un contenido innecesario que ocupa un espacio en la lista de contenidos a pegar.

Para cerrar el panel de tareas Portapapeles, hay que hacer clic en el botón en forma de aspa situado en el extremo superior derecho.

Las opciones de pegado

Después de pegar un texto en un documento de Word, aparece el botón **Opciones pegado**, un icono que se sitúa al final del texto pegado.

Al hacer clic en ese botón, aparece el menú Opciones de pegado, en el que se puede elegir el formato a aplicar al texto a pegar.

De esta forma, si se pega un texto en un documento, se le puede aplicar automáticamente el formato del documento de destino, seleccionando la opción Usar estilos de destino. Para que el texto pegado conserve el formato que tuviera originalmente, hay que hacer clic en Mantener formato de origen. Para que el texto pegado no conserve estilo alguno, hay que seleccionar Mantener solo texto. Si los documentos de origen y destino tienen formatos diferentes, el botón ofrece una cuarta opción: Combinar formato.

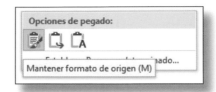

Figura 2.11. Al hacer clic en el botón Opciones de pegado, aparece el menú.

Truco: Si desea cerrar el botón **Opciones de pegado**, pulse la tecla **Esc**.

EL MODO LECTURA

En modo Lectura, Word se comporta como un lector de libros electrónicos. Muestra el texto en formato de dos columnas y permite elegir el color de fondo. Si no es la primera vez que abre el documento, el punto de lectura le da la bienvenida y le muestra el lugar en que lo dejó. Ofrece también algunas herramientas.

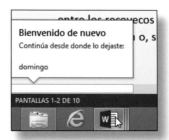

Figura 2.12. En modo Lectura, Word ofrece herramientas de lector de libros electrónicos.

- Para pasar las páginas, hay que hacer clic en las flechas laterales o pulsar las teclas **Barra espaciadora** y **Retroceso**.

- Al abrir un documento por segunda vez, aparece el Punto de lectura para volver a la página donde se cerró anteriormente.

 **Truco:** Si el documento no aparece en dos columnas en modo Lectura, haga clic en el menú Vista, seleccione Ancho de columna y haga clic en Estrecho.

- La opción Herramientas ofrece un menú para buscar palabras en el documento. Si necesita consultar Internet, este mismo menú ofrece la opción Buscar con Bing que pone en marcha Internet Explorer para localizar la palabra o frase escriba en la casilla de búsquedas.

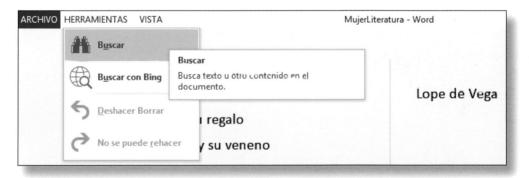

Figura 2.13. En modo Lectura, el menú Herramientas permite acceder a Internet para realizar búsquedas.

- La opción Vista da acceso a las herramientas de edición del documento pasando al modo Diseño de impresión.

3

Añada formato al texto con Word 2013

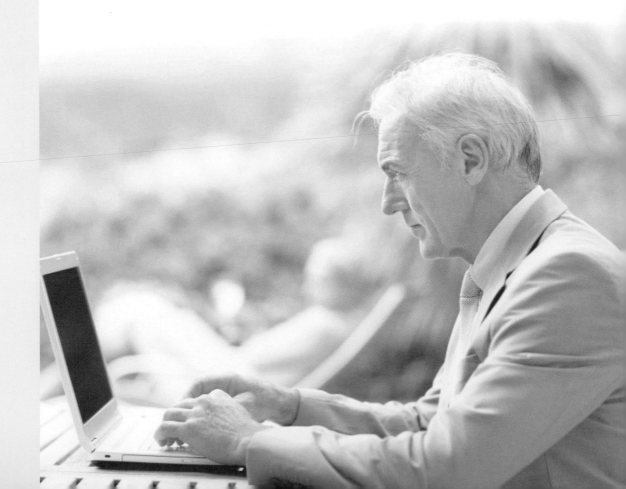

Word 2013 distingue dos tipos de formatos:

- Formatos de caracteres. Se aplican a uno o varios caracteres previamente seleccionados, ya sean caracteres individuales, palabras, frases o textos completo. Los caracteres se seleccionan arrastrando el ratón como hemos visto en el capítulo anterior.

- Formatos de párrafo. Se aplican al texto comprendido en un párrafo seleccionado, es decir, el texto que finaliza con la marca de párrafo que vimos en el capítulo anterior. Para seleccionar un párrafo con el fin de aplicarle un formato, solamente hay que hacer clic en él para situar dentro el punto de inserción.

Alrededor·del·año·400,·China·era·uno·de·los·polos·del·mundo·antiguo.·La·dinastía·de·los·Han,· que·gobernó·China·desde·el·siglo·II·a.C.·hasta·el·III·d.C.,·había·unificado·el·Imperio·y·había· logrado·un·esplendor·que·desbordaba·las·fronteras·de·Asia.·¶

Todos·los·países·han·precisado·una·mano·firme·que·reuniese·y·apaciguase·los·grupos,·etnias·o· tribus·que·se·disputaban·el·poder·desde·su·llegada·al·territorio.·Así·sucedió·con·los·francos· hasta·Clodoveo,·con·*los·reinos·de·las·Españas*·hasta·los·Reyes·Católicos,·con·la·misma·Italia· hasta·el·siglo·XIX·y·así·fue·también·en·China·hasta·221·a.C.,·en·que·el·rey·de·Tsin·terminó·con· las·luchas·por·el·control·del·país·que·mantenían·los·príncipes·feudales·desde·403·a.C.,·lo· unificó·y·se·hizo·llamar·Tsin·Huangdi,·o·Chi·Huang·ti,·que·algunos·han·traducido·por·**El·Primer· Emperador.**··¶

Tsin·Huangdi·se·mostró·dispuesto·a·impedir·que·las·luchas·intestinas·retornasen·durante·su· reinado·y·se·aseguró·de·ello·destruyendo·todas·las·fortalezas·de·los·príncipes·locales·y· reprimiendo·brutalmente·las·guerras·feudales.·En·215·a.C.,·como·observase·con·preocupación· la·marcha·de·los·nómadas·que,·partiendo·del·Norte,·se·iban·acercando·al·Sur·y·al·Oeste,·inició· la·construcción·de·una·fortificación·que·defendiese·para·siempre·a·China·de·posibles· invasores:·la·Gran·Muralla.¶

Figura 3.1. En este texto se pueden distinguir tres párrafos con sus respectivas marcas. El último está seleccionado. Puede verse el punto de inserción junto a la marca.

Advertencia: Word considera párrafo a todo el texto que se encuentra delante de la marca de párrafo, que es invisible si no se activa el botón Mostrar todo. Todos los estilos del párrafo se acumulan en esa marca. Si se selecciona el párrafo arrastrando el ratón y la marca queda fuera de la selección, no se seleccionarán los estilos. Si se borra la marca de párrafo, se borrarán los estilos y el párrafo asumirá los del siguiente, ya que se unirá a él al desaparecer el punto y aparte.

FORMATO DE CARACTERES

PRÁCTICA:

Pruebe a formatear los caracteres de un texto:

1. Ponga Word en marcha haciendo clic en su mosaico o en el botón de la barra de tareas.

2. Haga clic en Documento en blanco.

3. Escriba un título para el texto.

4. Pulse la tecla **Intro** tres veces para separar el título del cuerpo de texto.

5. Escriba un párrafo de texto, pulse **Intro** dos veces. Escriba otros dos párrafos pulsando **Intro** al finalizar cada uno.

6. El texto aparecerá de forma similar a la que muestra la figura 3.2.

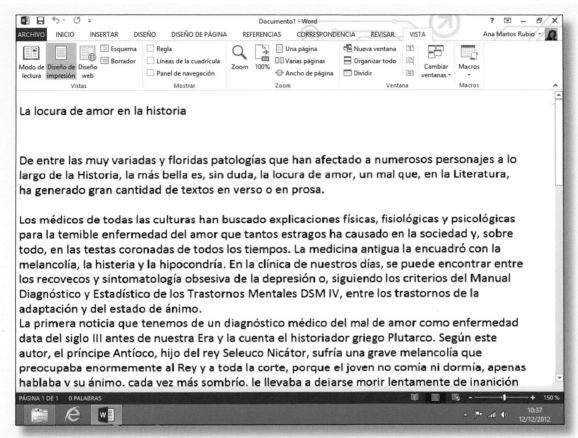

Figura 3.2. El texto sin formatear.

7. Haga clic al inicio de una frase que desee resaltar.

8. Arrastre el ratón hasta el final de la frase para seleccionarla.

9. Cuando aparezca la paleta de formato, haga clic en el botón **Negrita**. Tiene una N. Si no ve la paleta, aproxime el ratón al texto seleccionado.

10. El texto seleccionado quedará formateado en negrita.

11. Haga doble clic sobre una palabra que desee distinguir en el texto, para seleccionarla.

12. Haga clic sobre la selección con el botón derecho del ratón.

13. Cuando aparezca la paleta de formato, haga clic en el botón **Cursiva**. Tiene una K.

14. El texto seleccionado quedará formateado en cursiva.

Igualmente se pueden utilizar los comandos y botones del grupo Fuente de la ficha Inicio.

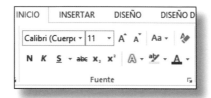

Figura 3.3. El grupo Fuente tiene más comandos que la paleta.

La fuente

La fuente es el conjunto de características de la letra. La fuente predeterminada de Word 2013 es Calibri de 12 puntos.

PRÁCTICA:

Formatee el título con los comandos del grupo Fuente:

1. Seleccione la línea de título haciendo clic al inicio de la misma, cuando el cursor se convierta en una flecha.

2. Haga clic en la flecha abajo del comando Fuente, para desplegar la lista de fuentes.

3. Elija en la lista la fuente que desee, por ejemplo, Books Antiqua. Puede desplazarse hacia abajo haciendo clic en el botón de desplazamiento de la derecha y arrastrándolo. Pruebe a hacer clic en distintas fuentes y compruebe el efecto sobre los caracteres del título.

Figura 3.4. La fuente Books Antiqua.

PRÁCTICA:

Cambie el tamaño del título:

1. Con el título seleccionado, haga clic en la flecha abajo del comando Tamaño de fuente, para desplegar la lista.

2. Seleccione un tamaño de fuente, por ejemplo, 16 puntos.

Figura 3.5. La lista desplegable permite aumentar o disminuir el tamaño.

PRÁCTICA:

Aplique la función Efectos de texto al título:

1. Seleccione los caracteres de la línea de título.

2. Haga clic en el botón **Efectos de texto y tipografía** del grupo Fuente.

3. Pase el ratón por las distintas opciones del menú Efectos de texto. Podrá ver el resultado inmediatamente. Pruebe las opciones Esquema, Sombra, Reflexión, Iluminado.

4. Haga clic en el efecto que desee.

FORMATO DE PÁRRAFOS

Para formatear un párrafo se pueden igualmente emplear las herramientas de la paleta de formato o las del grupo Párrafo de la ficha Inicio. El formato se aplicará al párrafo que contenga el punto de inserción.

Figura 3.6. El grupo Párrafo con los botones para alinear el texto.

Alineación de párrafo

PRÁCTICA:

Pruebe a alinear los párrafos del texto anterior.

1. Haga clic en cualquier lugar del título para seleccionarlo.

2. Haga clic en el botón **Centrar** del grupo Párrafo de la ficha Inicio.

3. Haga clic en el primer párrafo para situar el punto de inserción.

4. Haga clic en el botón **Justificar** del grupo Párrafo de la ficha Inicio.

Truco: Recuerde que, si tiene dudas sobre la función de un botón o comando, puede aproximar el cursor y dejarlo unos segundos sobre el botón o comando para ver la información de herramientas.

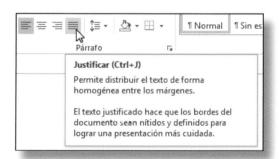

Figura 3.7. La información de herramientas aparece al acercar el ratón.

Truco: Recuerde que puede utilizar el botón **Deshacer** de la barra de herramientas de acceso rápido, si se equivoca o no está conforme con el resultado. Además, si no le agrada un formato, éste desaparecerá tan pronto como aplique otro distinto.

> ### La locura de amor en la Historia
>
> De entre las muy variadas y floridas patologías que han afectado a numerosos personajes a lo largo de la Historia, la más bella es, sin duda, la locura de amor, un mal que, en la Literatura, ha generado gran cantidad de textos en verso o en prosa.
>
> La primera noticia que tenemos de un diagnóstico médico del mal de amor como enfermedad data del siglo III antes de nuestra Era y la cuenta el historiador griego Plutarco. Según este autor, el príncipe Antíoco, hijo del rey Seleuco Nicátor, sufría una grave melancolía que preocupaba enormemente al Rey y a toda la corte, porque el joven no comía ni dormía, apenas hablaba y su ánimo, cada vez más sombrío, le llevaba a dejarse morir lentamente de inanición y de incuria.
>
> No sabemos si fue casualidad o tino, pero cuenta Plutarco que un día, mientras el médico de la corte, Erasístrato de Chíos, tomaba el pulso al Príncipe, acertó a entrar en la estancia Estratonice, su joven y bella madrastra y, al momento, el pulso del joven se aceleró, su cuerpo tembló y todo él se conmocionó visiblemente.

Figura 3.8. Párrafo centrado, a la derecha, justificado y a la izquierda.

La función Hacer clic y escribir

Word 2013 permite iniciar la escritura en cualquier lugar del documento. Para empezar a escribir en un lugar cualquiera del documento, solamente hay que hacer doble clic en él y comenzar la escritura. El punto de inserción se desplazará a ese lugar.

Truco: Recuerde que puede agregar el comando Nuevo a la barra de herramientas de acceso rápido para abrir un nuevo documento con un solo clic.

PRÁCTICA:

Empiece a escribir en mitad de un documento:

1. Haga clic en la pestaña Archivo en la parte superior izquierda de la ventana de Word y seleccione la opción Nuevo en el menú de color azul. Después, haga clic en Documento en blanco. Si ha agregado el comando Nuevo a la barra de herramientas de acceso rápido, haga clic sobre él.

2. Se abrirá un documento en blanco mostrando el punto de inserción parpadeando al inicio del documento. Haga doble clic en mitad del documento y el punto de inserción se trasladará a ese lugar para que pueda empezar a escribir en él.

3. Observe que, antes de hacer doble clic, el cursor de Word muestra la alineación del párrafo que va a iniciar, a la izquierda, centrado o a la derecha, según el lugar al que acerque el ratón. Después de escribir, alinee el texto utilizando los botones de la práctica anterior.

Figura 3.9. El cursor muestra la alineación que tendrá el párrafo.

Nota: Recuerde que para volver al documento después de hacer clic en la pestaña Archivo hay que hacer clic en la flecha que señala a la izquierda, situada en la parte superior del menú Archivo.

Listas con viñetas y listas numeradas

PRÁCTICA:

Pruebe a formatear un texto con viñetas:

1. Escriba el título y pulse **Intro** dos veces.
2. Escriba un texto corto.
3. Pulse **Intro** y escriba otros dos o tres textos cortos pulsando **Intro** cada vez.
4. Haga clic al inicio de la línea de título para seleccionarla.
5. Cuando aparezca la paleta de formato, haga clic varias veces en el botón **Aumentar tamaño de fuente**. Presenta una letra A mayúscula (a su derecha se halla el botón **Disminuir tamaño de fuente**).

   - Si no le resulta cómodo este método, haga clic con el botón derecho del ratón en la línea seleccionada para acceder al menú contextual y a la paleta.

6. Haga clic en el botón **Centrar** de la paleta. Es idéntico al que hemos empleado antes para el título.
7. Haga clic al principio de la primera línea de texto corto y arrastre el ratón hasta el final para seleccionarlas todas.
8. Haga clic en el comando Viñetas del grupo Párrafo.
9. Elija el modelo de viñeta que le agrade.

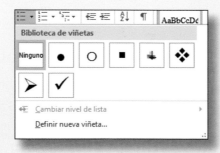

Figura 3.10. El menú con la biblioteca de viñetas.

PRÁCTICA:

Pruebe ahora a formatear el mismo texto con listas numeradas:

1. Seleccione las líneas que ha formateado con viñetas.
2. Haga clic en el comando Numeración del grupo Párrafo.
3. Elija el modelo que le agrade.

Truco: Observe que después de aplicar numeración o viñetas a un texto, puede continuar escribiendo párrafos con el mismo formato. Cuando pulse la tecla **Intro** para crear un nuevo párrafo, quedará formateado automáticamente con los números o viñetas de los anteriores.

Para escribir texto sin números o viñetas, en lugar de pulsar **Intro**, haga doble clic en la línea inferior. Si no lo consigue, seleccione el comando Numeración o Viñetas y, cuando se despliegue el menú, haga clic en Ninguno. Está seleccionado en la figura 3.10.

COPIAR FORMATOS

Después de formatear un bloque de texto o un párrafo, es posible copiar el formato a otro bloque de texto o párrafo. Compruebe en las dos prácticas siguientes la diferencia entre los formatos de caracteres y los formatos de párrafo.

PRÁCTICA:

Copie un formato de un párrafo a otro:

1. Escriba dos párrafos de texto.

2. Haga clic en cualquier lugar del primer párrafo y aplíquele un formato, por ejemplo:

   - Haga clic en el botón **Justificar** del grupo Párrafo.

   - Haga clic en el botón **Aumentar sangría** del grupo Párrafo.

3. Para seleccionar el formato del primer párrafo, haga clic en cualquier lugar dentro de él.

4. Para copiar el formato de este párrafo, haga clic en el botón **Copiar formato** del grupo Portapapeles de la ficha Inicio. Tiene la forma de una brocha.

5. Para pegar el formato en el segundo párrafo, haga clic en él. Observe que el cursor lleva adherido el icono con forma de brocha.

PRÁCTICA:

Pruebe a copiar formatos de caracteres de un párrafo a otro:

1. Haga clic al principio del primer párrafo y arrastre el ratón hasta el final para seleccionar todos los caracteres.

2. Aplique un formato, por ejemplo, haga clic en la flecha abajo, en la herramienta Fuente del grupo Fuente y seleccione Cambria.

Si lo desea, puede hacer clic en los botones **Negrita**, **Cursiva**, **Subrayado** o elegir un **Color de fuente**. Pruebe los botones y comandos del grupo Fuente, acercando antes el cursor para ver lo que hacen.

3. Para copiar el formato, haga clic en el botón **Copiar formato** y arrástrelo sobre todos los caracteres del segundo párrafo. Si algún carácter queda fuera, no recibirá el formato.

ELIMINAR FORMATOS

- Para eliminar los formatos de carácter, como fuente, tamaño de fuente, negrita, cursiva, etc., hay que seleccionar el texto arrastrando el ratón sobre él y después pulsar a la vez las teclas **Control** y **Barra espaciadora**.

- Para quitar un solo formato de carácter, por ejemplo, la negrita o la cursiva, basta hacer clic en el botón **Negrita** o **Cursiva** del grupo Fuente. Cuando está aplicado el formato, el botón aparece activado. Al hacer clic, se desactiva. Al volver a hacer clic, se activa de nuevo.

- Para eliminar todos los formatos de un párrafo, hay que hacer clic en él para situar el punto de inserción y después hacer clic en el botón **Borrar todo el formato** situado en el extremo superior derecho del grupo Fuente.

- Otra forma de borrar todo el formato de un texto es seleccionarlo y después hacer clic en el **Iniciador del cuadro de diálogo** del grupo Estilos de la ficha Inicio y, a continuación, hacer clic en la opción Borrar todo. Puede ver el iniciador y la opción de borrar en la figura 3.11. Observe el punto de inserción en el título del texto para seleccionarlo.

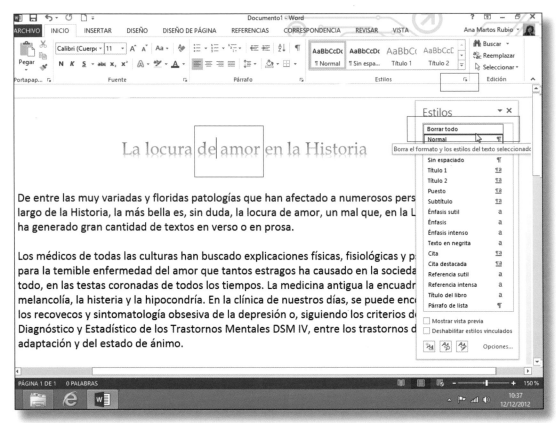

Figura 3.11. El iniciador y la opción Borrar todo del panel de tareas Estilos.

LOS ESTILOS DE WORD 2013

El grupo Estilos que acabamos de ver ofrece numerosos estilos predefinidos que se aplican al texto con un solo clic.

Figura 3.12. Los estilos de Word 2013.

PRÁCTICA:

Aplique un estilo al texto:

1. Seleccione el texto al que desea aplicar el estilo. Para seleccionarlo todo, puede pulsar a la vez las teclas **Control** y **E**.

2. Haga clic en el botón **Más** del grupo Estilos para desplegar la paleta.

3. Acerque el cursor a un estilo tras otro para probar el resultado sobre el texto seleccionado.

4. Para aplicar un estilo al texto, haga clic en él. Para aplicar otro distinto, haga clic en él. El nuevo sustituirá al anterior.

5. Después, añada estilos de párrafo, por ejemplo, alineación justificada o sangría, como hemos visto anteriormente, empleando los comandos de los grupos Fuente y Párrafo, la paleta de formato o los cuadros de diálogo.

Los estilos del panel de tareas

El panel de tareas Estilos, que aparece en la figura 3.11, ofrece tres tipos de estilos:

- Los estilos de carácter, que se pueden aplicar al texto seleccionado, como Énfasis, Texto en negrita o Énfasis sutil, se distinguen porque llevan el icono **a**.

- Los estilos de párrafo, que se pueden aplicar al párrafo seleccionado, como Normal o Párrafo de lista, se distinguen porque llevan el icono ¶, la marca de fin de párrafo.

- Los estilos de carácter y párrafo que se aplican al párrafo y a los caracteres que contenga, como Título 1 o Subtítulo, se distinguen porque llevan ambos iconos, **a**¶.

PRÁCTICA:

Para aplicar los estilos del panel de tareas Estilos, haga lo siguiente:

1. Para aplicar un estilo de título al título del texto, haga clic en el párrafo de título del texto para colocar en él el punto de inserción.

2. Haga clic en el botón **Iniciador del cuadro de diálogo** del grupo Estilos.

3. Cuando se abra el panel de tareas, haga clic en Título 1, Título 2, Puesto, Subtítulo, etc., para comprobar el resultado.

4. Para aplicar formatos de carácter, seleccione el carácter, palabra o frase y haga clic en el estilo del panel de tareas. Pruebe varios estilos de carácter hasta que el resultado le satisfaga.

EL INTERLINEADO

El estilo predeterminado de Word 2013, Normal, aplica la opción Interlineado múltiple de 1,15 a las líneas de texto, de forma que queden separadas entre sí. Pero si necesita escribir, por ejemplo, la dirección de una carta, es mejor aplicar Interlineado sencillo. Para ello, hay que hacer lo siguiente:

1. Seleccione el texto.

2. Haga clic en el **Iniciador del cuadro de cuadro de diálogo** del grupo Estilos, para desplegar el panel de tareas Estilos.

3. Haga clic en la opción Sin espaciado.

La figura 3.13 muestra el efecto de aplicar la opción Sin espaciado al párrafo intermedio de este documento. Observe que no solamente ha desaparecido el interlineado múltiple, sino que se ha reducido el espacio entre este párrafo y el siguiente. Si lo desea, puede controlar con detalle el espaciado e interlineado haciendo clic en el botón **Espaciado entre líneas y párrafos** del grupo Párrafo.

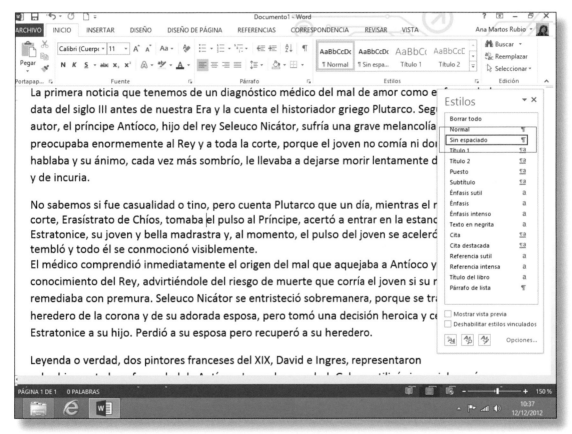

Figura 3.13. Hemos quitado el espaciado del párrafo intermedio.

LAS CARACTERÍSTICAS DE FORMATO

Para ver las características de formato de un estilo en el panel de tareas Estilo, aproxime el ratón al estilo para desplegar la información. Ahí podrá localizar la fuente, el tamaño, la alineación del párrafo, el interlineado y todas sus características de formato.

En la figura 3.14, puede ver las del estilo Normal de Word. El programa aplica este estilo y estas características a cualquier texto a menos que se le aplique otro estilo u otros formatos.

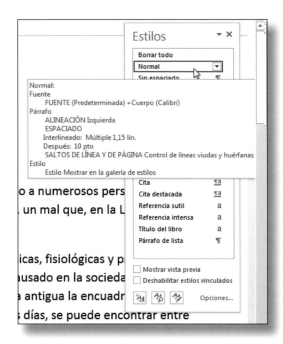

Figura 3.14. Las características de formato del estilo Normal.

LOS EFECTOS ESPECIALES

Hemos aplicado efectos de texto al título del documento en una práctica anterior. Word 2013 ofrece numerosas herramientas para aplicar efectos especiales a textos e imágenes. Uno de los más populares es WordArt.

PRÁCTICA:

Convierta el título del documento en texto artístico:

1. Seleccione el título completo, haciendo clic al principio y arrastrando el ratón hasta el final.

2. Haga clic en la ficha Insertar y después en el botón **Insertar WordArt** del grupo Texto (figura 3.15).

3. En la paleta de WordArt, elija un estilo. Son similares a los efectos de texto que utilizamos anteriormente.

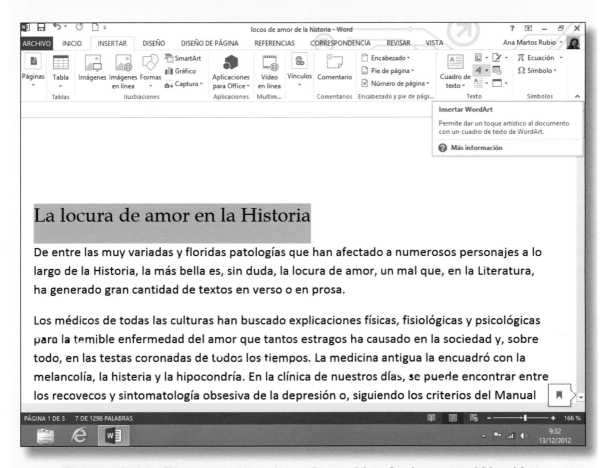

Figura 3.15. El texto seleccionado y el botón Insertar WordArt.

4. Observe que se ha abierto una nueva ficha en la cinta de opciones. Es la ficha Formato de Herramientas de imagen. Le permitirá utilizar nuevos recursos para WordArt. Pruebe los distintos efectos del grupo Efectos de WordArt. A medida que acerque el ratón a uno de ellos, podrá comprobar los resultados sobre el texto seleccionado.

5. Haga clic fuera del recuadro del texto artístico cuando quiera aplicar un efecto de forma definitiva.

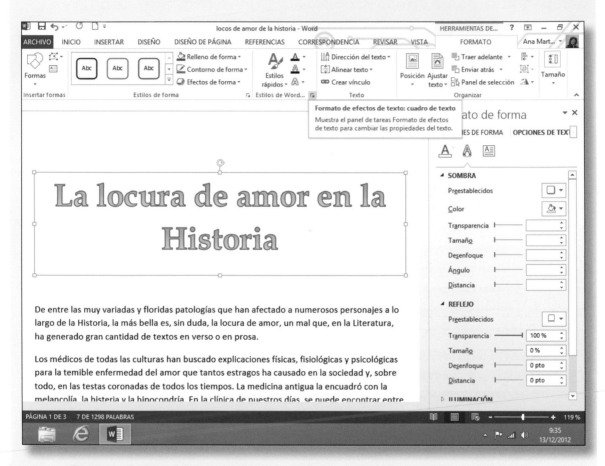

Figura 3.16. Compruebe los efectos sobre el texto al acercar el ratón a las opciones del grupo Efectos de WordArt.

El texto artístico de WordArt se comporta como una imagen. Si lo selecciona haciendo clic sobre él, aparecerá de nuevo la ficha Formato de Herramientas de imagen para que pueda modificarlo. También podrá observar que el cursor adquiere distintas formas al aproximarlo al borde que rodea el texto artístico seleccionado. Son los mismos que aparecen al seleccionar una imagen insertada en el texto de Word:

Tabla 3.1. Los cursores/botones para manipular una imagen gráfica o texto artístico.

Cursor/botón	Lo que puede hacer
	Haga clic y arrastre para desplazar la imagen.
	Haga clic y arrastre hacia fuera para aumentar el tamaño de la imagen o hacia dentro para disminuirlo.
	Haga clic y arrastre en sentido giratorio para girar la imagen.
	Haga clic para desplegar el menú de control de la imagen.

4

GESTIONE
SUS DOCUMENTOS
CON WORD 2013

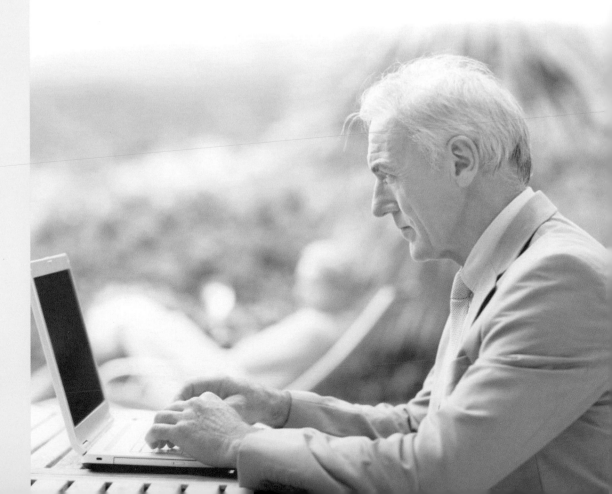

CREACIÓN DE DOCUMENTOS

Hay dos formas de crear un documento:

- A partir de un documento en blanco. Es el método que hemos seguido hasta ahora. Al abrir Word hemos hecho clic en la opción Documento en blanco o, una vez abierto, en el comando Nuevo de la barra de herramientas de acceso rápido.

- A partir de una plantilla. Una plantilla es un conjunto de formatos, texto y objetos fijos, que forman la base para un documento específico. Puede elegirla al abrir Word, haciendo clic en una de las plantillas que ofrece el programa.

Figura 4.1. Busque plantillas de Office en Internet.

Si lo desea, puede buscar más plantillas de Office en línea, escribiendo una palabra clave en la casilla de búsquedas, por ejemplo, carta, y haciendo clic en la lupa. Para descargar una, selecciónela y haga clic en Crear.

Crear una plantilla

Vamos a crear una plantilla de ejemplo. En primer lugar, crearemos un logotipo.

PRÁCTICA:

Cree un logotipo o un membrete:

1. Haga clic en el mosaico de Word o en su botón de la barra de tareas.
2. Seleccione Documento en blanco.
3. Escriba su nombre y selecciónelo. Haga clic en la ficha Insertar y después en Insertar WordArt. Elija un modelo.
4. En Estilos de WordArt, haga clic en Efectos de texto y seleccione Transformar>Círculo (véase la figura 4.2).
5. Si el círculo no queda completo, acerque el ratón a una de las esquinas del marco que rodea la figura, haga clic y arrastre hacia dentro para hacer la imagen más pequeña, hasta cerrar el círculo (véase la figura 4.3).
6. Mientras tenga el logotipo seleccionado, la ficha Formato de Herramientas de imagen estará visible. Haga clic la opción Posición del grupo Organizar y seleccione En línea con el texto para que cuando escriba texto, no se ajuste al logotipo sino que quede independiente. El grupo Organizar se halla a la derecha del grupo Estilos de WordArt.

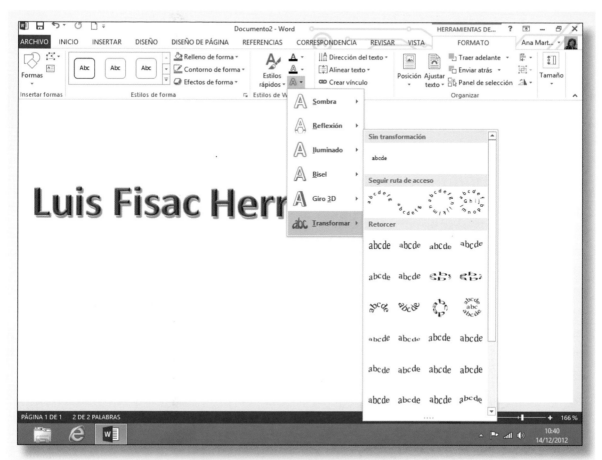

Figura 4.2. La opción Círculo.

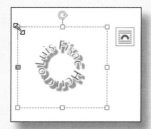

Figura 4.3. El logotipo más pequeño cierra el círculo.

7. El logotipo se habrá fijado en la esquina superior izquierda del documento. Si lo desea, puede escribir su nombre y dirección debajo. Recuerde que puede hacer doble clic y empezar a escribir donde quiera.

ORD 2013**

PRÁCTICA:

El logotipo que hemos creado sigue siendo parte del texto y corremos el peligro de escribir sobre él. Para que quede como membrete en todos los documentos que creemos con esta plantilla, hay que incluirlo en un encabezado.

1. Seleccione el logotipo haciendo clic sobre él. Si ha incluido su nombre y su dirección, arrastre el ratón hasta seleccionar el conjunto completo.

2. Pulse a la vez las teclas **Control** y **X** o bien haga clic en la ficha Insertar y luego en el comando Cortar del grupo Portapapeles. Con esto eliminará el logotipo y lo copiará al portapapeles de Windows.

3. Haga clic en la ficha Insertar. En el grupo Encabezado y pie de página, haga clic en Encabezado y elija En blanco en el menú que se despliega.

Figura 4.4. Escriba aquí.

4. Una vez creado el encabezado, quedará marcado por una línea discontinua con una casilla seleccionada que indica "Escriba aquí".

5. Pulse a la vez las teclas **Control** y **V** o bien haga clic en la ficha Insertar y luego en el comando Pegar del grupo Portapapeles. Con esto pegará el logotipo dentro del encabezado.

6. Haga clic fuera del encabezado para ver el logotipo. Ahora habrá quedado como un membrete y evitará escribir sobre él. Puede verlo en la figura 4.5.

7. Para eliminar un encabezado de una plantilla o de un documento, haga clic en Encabezado y después haga clic en la opción Quitar encabezado que aparece al final del menú.

PRÁCTICA:

Una vez creado el membrete, vamos a crear estilos personalizados:

1. Haga clic en el iniciador del panel Estilos, que usamos en el capítulo anterior. Cuando se despliegue el panel, acerque el ratón a Normal, que es el estilo para el cuerpo de texto, haga clic en la flecha abajo que aparece a la derecha y seleccione Modificar (figura 4.5).

2. En el cuadro Modificar estilo, haga clic en Tamaño de fuente para desplegar la lista y un tamaño distinto del predeterminado. Si lo desea, cambie también la fuente seleccionando otra en la lista desplegable Fuente.

3. Haga clic en Formato, en la parte inferior izquierda del cuadro de diálogo para desplegar la lista y seleccione Párrafo (véase la figura 4.6).

4. En el cuadro de diálogo Párrafo, haga clic en Interlineado y seleccione Sencillo. En la opción Espaciado, haga clic en Posterior para seleccionar 6 puntos. Es el espacio que quedará tras el párrafo cuando usted pulse la tecla **Intro**.

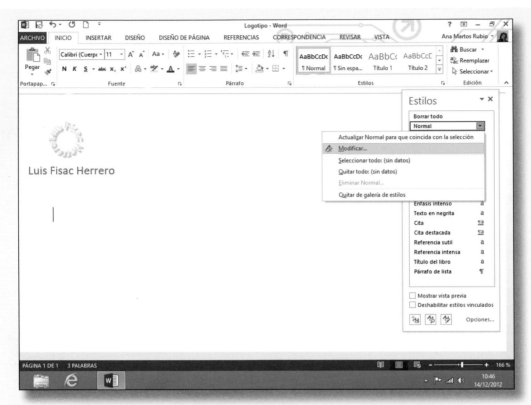

Figura 4.5. Es posible modificar un estilo de Word.

Figura 4.6. Lista desplegable para modificar el párrafo u otros elementos.

5. Haga clic en **Aceptar** para volver al cuadro Modificar estilo y active el botón de opción Documentos nuevos basados en esta plantilla, situado en la parte inferior del cuadro. De lo contrario, el nuevo estilo solamente se aplicará al documento actual. Haga clic en **Aceptar**.

⦿ Documentos nuevos basados en esta plantilla

PRÁCTICA:

Una vez terminada, la guardaremos como plantilla:

1. Haga clic en la pestaña Archivo, en la parte superior izquierda de la ventana y seleccione Guardar como.

2. Haga clic en Examinar para ir a la carpeta de las plantillas.

3. Haga clic en la flecha abajo de la casilla Tipo y seleccione Plantilla de Word en la lista desplegable. Word buscará en su disco duro la carpeta en que guarda las plantillas.

4. Escriba un nombre para la plantilla en la casilla Nombre de archivo y haga clic en **Guardar**.

5. Haga clic en la pestaña Archivo y seleccione Cerrar.

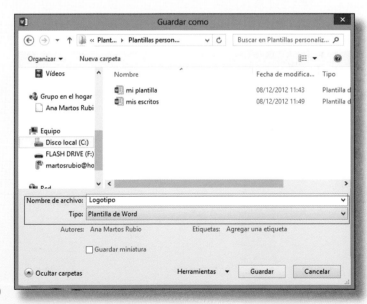

Figura 4.7. El cuadro de diálogo Guardar indica que se trata de una plantilla.

Modificar una plantilla

Para modificar una plantilla hay que abrirla, cambiar el contenido o los estilos y guardarla como plantilla, no como documento.

Crear un documento a partir de una plantilla

PRÁCTICA:

Cree un documento con la plantilla anterior:

1. Ponga Word en marcha. Si no lo ha cerrado, haga clic en la pestaña Archivo y seleccione Nuevo en el menú.

2. En la ficha Nuevo, haga clic en Personal, bajo la casilla de búsquedas.

3. Haga clic en la plantilla creada. Observe que el logotipo aparece en el encabezado, no en el área del texto.

4. Escriba un texto y compruebe los estilos creados para la plantilla.

Figura 4.8. Haga clic en Personal para localizar la plantilla creada.

GUARDAR UN DOCUMENTO

Después del crear o modificar un documento, hay que guardarlo en el disco duro del ordenador para no perder el trabajo. Si intenta salir de Word o cerrar el documento, el programa le preguntará si desea guardarlo. La primera vez que guarde un documento, al hacer clic en el botón **Guardar** de la barra de herramientas de acceso rápido, aparecerá el cuadro de diálogo Guardar como que hemos visto al guardar la plantilla.

PRÁCTICA:

Guarde el documento creado con la nueva plantilla:

1. Haga clic en la pestaña Archivo.

2. Haga clic en la opción Guardar como.

3. De forma predeterminada, está seleccionada la opción Equipo, para indicar que se guardará en el disco duro de su ordenador. Haga clic en Examinar.

4. En el cuadro de diálogo Guardar como, escriba un nombre en la casilla Nombre de archivo y haga clic en **Guardar**. El documento se guardará en la carpeta Mis documentos.

5. Si desea guardarlo en otro lugar, localice la carpeta en la ventana izquierda del cuadro de diálogo Guardar como y haga clic en **Guardar**.

Advertencia: Cuando guarde una plantilla, no cambie la carpeta de destino a que Word la lleva. Word las guarda en un lugar predeterminado del disco duro. Si la guarda en otra carpeta, el programa no podrá localizarla y quedará inservible.

Abrir un documento guardado

PRÁCTICA:

Pruebe a abrir el documento anterior:

1. Haga clic en la pestaña Archivo y después en la opción Abrir.

2. Word le mostrará el documento guardado en la lista Documentos recientes. Haga clic en él.

3. Si ha guardado muchos documentos y no aparece en esa lista, haga clic en Equipo y después en Examinar para abrir el cuadro de diálogo Abrir.

4. El cuadro de diálogo Abrir se dirigirá a la carpeta Mis documentos. Si no lo ha guardado en ella, haga clic en el botón de desplazamiento de la ventana izquierda y arrastre hacia abajo para localizar la carpeta. Haga clic en ella y cuando el documento aparezca en la casilla Nombre de archivo, haga clic en **Abrir**.

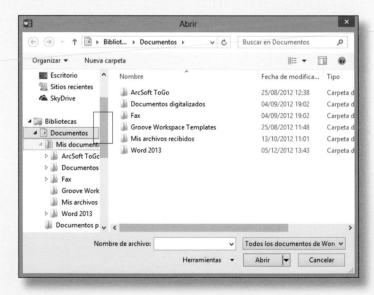

Figura 4.9. El cuadro de diálogo Abrir.

Truco: Al iniciarse, Word presenta la lista de documentos recientes así como la opción Nuevo documento y varias plantillas. Para abrir un documento que no aparezca en esas listas, hay que hacer clic en la opción

Abrir otros documentos que aparece al final de los documentos recientes.

Truco: También puede abrir cualquier documento de Word localizándolo en el Explorador de archivos y haciendo doble clic en él.

Recupere un documento sin guardar

Word 2013 guarda borradores de los documentos que se crean o se modifican, de manera que, si se produce un fallo en el sistema o cualquier otro percance y el programa se cierra sin haber guardado un documento, podrá recuperarlo haciendo clic en la opción Recuperar documentos sin guardar, que aparece en la parte inferior de la ventana de la opción Abrir del menú Archivo.

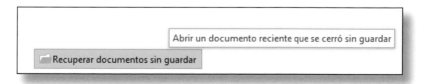

Figura 4.10. Recupere un documento no guardado.

El modo de compatibilidad

Si tiene un documento creado con una versión anterior de Word, Word 2013 lo abrirá en modo de compatibilidad, lo que podrá comprobar en la barra de título del documento.

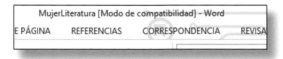

MujerLiteratura [Modo de compatibilidad] - Word

E PÁGINA   REFERENCIAS   CORRESPONDENCIA   REVISA

Figura 4.11. El modo de compatibilidad aparece en la barra de título.

En modo de compatibilidad, algunas de las funciones del programa quedarán deshabilitadas, por ejemplo, los Efectos de texto. La única forma de habilitar esas funciones es convertir el documento a la versión actual haciendo clic en la pestaña Archivo y después en la opción Convertir que aparece únicamente cuando el documento está en modo de compatibilidad. Word advertirá que quizá se modifique el diseño, pero generalmente esto no sucede, a menos que el documento tenga un diseño muy complejo y la versión sea muy antigua.

Truco: Si quiere mantener la versión antigua de un documento, haga clic en la casilla de verificación Mantener compatibilidad con versiones anteriores de Word del cuadro de diálogo Guardar como. Esta opción solamente aparece cuando se guarda un documento en una versión anterior como Word 2003 ó 2007.

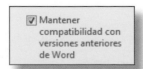

☑ Mantener compatibilidad con versiones anteriores de Word

Figura 4.12. Esta opción activada permite mantener la versión antigua del documento.

BUSCAR Y REEMPLAZAR TEXTO

PRÁCTICA:

Pruebe a localizar una palabra en un documento.

1. Abra el documento en Word y haga clic en el comando Buscar del grupo Edición de la ficha Inicio.

2. Haga clic en la casilla de búsquedas del panel de navegación y escriba la palabra a buscar. El texto mostrará resaltadas en color amarillo las palabras que coincidan con su búsqueda (véase la figura 4.13).

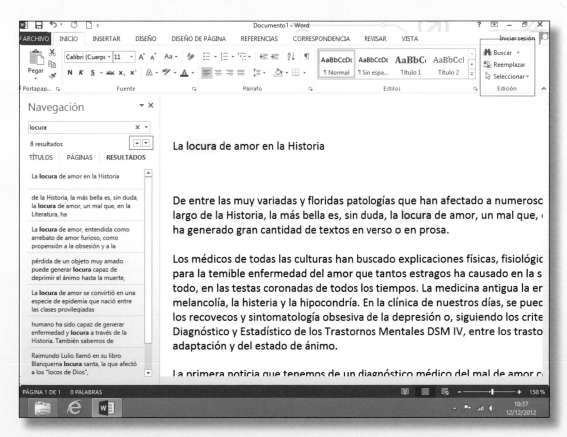

Figura 4.13. El panel de navegación muestra el documento y la palabra buscada.

3. Haga clic en la flecha Siguiente para pasar a la siguiente coincidencia. Está marcada en rojo en la figura. Junto a ella está la flecha Anterior para saltar a la coincidencia anterior.

PRÁCTICA:

Pruebe a reemplazar una palabra por otra. Suponga que desea sustituir en un texto la palabra "gobernador" por la palabra "gobernante".

1. Abra el documento en Word.
2. Haga clic en el comando Reemplazar del grupo Edición de la ficha Inicio. Se encuentra bajo el comando Buscar.
3. En el cuadro de diálogo Buscar y reemplazar, escriba la palabra "gobernador" en la casilla Buscar. Escriba la palabra "gobernante" en la casilla Reemplazar con.

   - Para reemplazar automáticamente todas las palabras "gobernador" por "gobernante", haga clic en el botón **Reemplazar todo**.

   - Para controlar uno a uno los reemplazos, haga clic en el botón **Buscar siguiente**. Cuando aparezca la primera palabra, haga clic en **Reemplazar** para cambiarla o en **Buscar siguiente** para seguir a la siguiente.

Búsqueda exacta

Suponga que tiene que buscar la palabra "pan" en un texto largo. Si escribe "pan" en la casilla de búsquedas, Word localizará todas las palabras que contengan la palabra "pan" como "pantalón", "pantano", "empanar", etc. Por tanto, es preciso decirle que busque sólo palabras exactas.

PRÁCTICA:

Pruebe a buscar una palabra exacta:

1. Haga clic en el comando Reemplazar. Cuando se abra el cuadro de diálogo Buscar y reemplazar, haga clic en la pestaña Buscar.

2. Escriba la palabra "pan" en la casilla Buscar.

3. Haga clic en el botón **Más** para desplegar la parte inferior del cuadro de diálogo.

4. Haga clic en la casilla de verificación Sólo palabras completas.

5. Haga clic en **Buscar siguiente**.

PRÁCTICA:

De la misma forma, puede reemplazar una palabra exacta. Suponga que tiene que reemplazar "caso" por "Casos". No solamente ha de localizar la palabra exacta, sino cambiarla por otra en mayúsculas. Word no tiene en cuenta las mayúsculas y minúsculas, por lo que es preciso especificarlo.

1. Haga clic en el comando Reemplazar.

2. En el cuadro de diálogo Buscar y reemplazar, escriba la palabra "caso" en la casilla Buscar y escriba la palabra "Casos" en la casilla Reemplazar con.

3. Haga clic en el botón **Más** para desplegar la parte inferior del cuadro de diálogo.

4. Haga clic en la casilla de verificación Sólo palabras completas. Si ya está marcada de la práctica anterior, no haga clic en ella, pues la desactivaría.

5. Haga clic en la casilla de verificación Coincidir mayúsculas y minúsculas.

6. Haga clic en el botón **Reemplazar todo**.

Truco: Si necesita cambiar todas las mayúsculas por minúsculas en un trozo de texto, selecciónelo arrastrando el ratón sobre él y después haga clic en el botón **Cambiar mayúsculas y minúsculas**, del grupo Fuente de la ficha Inicio.

También dispone de la opción de cambiar las mayúsculas y minúsculas de un texto seleccionándolo y pulsando a la vez las teclas **Mayús** y **F3**. Pruebe a pulsarlas repetidas veces para ver el efecto.

LOS ELEMENTOS RÁPIDOS

Si tiene un texto, una frase, una imagen o cualquier objeto que necesite insertar con frecuencia en cualquier documento, puede crear un bloque y tenerlo siempre disponible para utilizarlo.

PRÁCTICA:

Guarde un párrafo con sus datos personales que puede incorporar cuando escriba una carta a modo de membrete o en la firma.

1. Escriba el texto y selecciónelo arrastrando el ratón sobre él. Puede ser tan largo como quiera y contener imágenes.

2. Haga clic en la ficha Insertar.

3. Haga clic en el comando Explorar elementos rápidos del grupo Texto. Se encuentra exactamente encima de Insertar WordArt que hemos utilizado anteriormente. Está señalado en la figura 4.14.

4. Haga clic en la opción Guardar selección en una galería de elementos rápidos. Se encuentra al final del menú que se despliega.

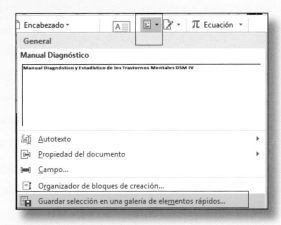

Figura 4.14. El menú Explorar elementos rápido

5. El cuadro de diálogo Crear nuevo bloque de creación propondrá un nombre para el bloque de texto. Si lo desea, puede modificarlo escribiendo un nuevo nombre encima, por ejemplo, "Datos personales" o "membrete".

6. Haga clic en el botón **Aceptar**.

PRÁCTICA:

Pruebe ahora a utilizar el bloque guardado.

1. Haga clic en el lugar del documento en el que quiera insertar el bloque.

2. Haga clic en la ficha Insertar y después en Explorar elementos rápidos, para desplegar el menú.

3. Haga clic en el bloque de texto que ha guardado. Aparecerá al final del menú desplegable. Si no lo ve, haga clic en el botón de desplazamiento de la derecha y arrástrelo hacia abajo para acceder al final del menú.

IMPRIMIR UN DOCUMENTO

PRÁCTICA:

Después de guardar el documento, imprímalo.

1. Haga clic en la pestaña Archivo.

2. Haga clic en la opción Imprimir.

3. Observe la vista preliminar del documento. Así es como quedará en la impresora. A la izquierda de la vista preliminar encontrará todas las opciones necesarias para controlar la impresión, como el número de copias, el tamaño del papel, etc. Compruebe que todo es correcto.

4. Si necesita modificar, por ejemplo, los márgenes, haga clic en la flecha abajo de la opción Márgenes normales y elija otro tipo de márgenes. También puede hacer clic en la opción Configurar página, en la parte inferior de la ventana, para cambiar los márgenes o el tamaño del papel.

5. Cuando todo sea correcto, haga clic en el botón **Imprimir**.

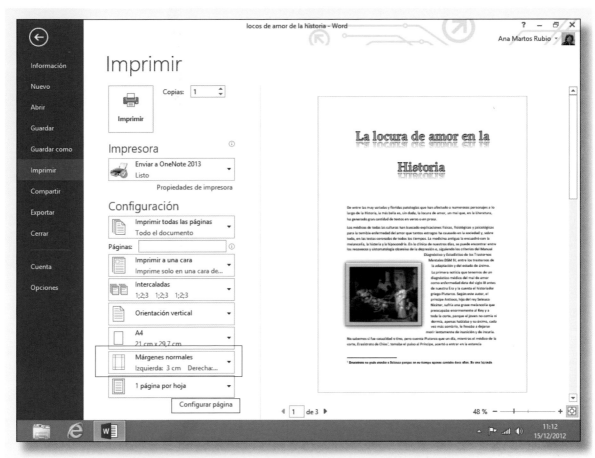

Figura 4.15. La vista preliminar del documento y las opciones para configurar la impresión.

Truco: Recuerde que puede agregar el comando Impresión rápida a la barra de herramientas de acceso rápido, como vimos en el capítulo 1 (véase la figura 4.16). Este botón le permitirá imprimir un documento con un solo clic, manteniendo la configuración más reciente que haya aplicado. Si no ha modificado los parámetros de impresión, se imprimirá con los predeterminados.

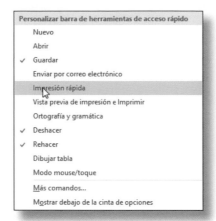

Figura 4.16. Agregue la impresión rápida a la barra de acceso rápido.

Imprimir un sobre

PRÁCTICA:

Si ha escrito una carta, puede imprimir el sobre fácilmente:

1. Haga clic y arrastre el ratón sobre la carta, para seleccionar el nombre y la dirección del destinatario. Asegúrese de que está completa y es correcta.

2. Haga clic en la ficha Correspondencia de la cinta de opciones.

3. Haga clic en el comando Sobres del grupo Crear. Se encuentra en el extremo izquierdo de la cinta de opciones.

4. Cuando se abra el cuadro de diálogo Sobres y etiquetas, compruebe que es correcto. Si lo desea, puede escribir el remite.

5. Haga clic en el botón **Imprimir**.

Truco: Recuerde que puede quitar el espaciado del párrafo de la dirección haciendo clic en la opción Sin espaciado del panel de tareas Estilos, como vimos en el capítulo 3.

COMPARTIR UN DOCUMENTO

Word 2013 permite compartir documentos de diversas maneras. Para ello, solamente hay que hacer clic en la pestaña Archivo y después en la opción Compartir. Esta opción es interesante si desea, por ejemplo, compartir un texto que haya escrito con ilustraciones o fotografías insertadas.

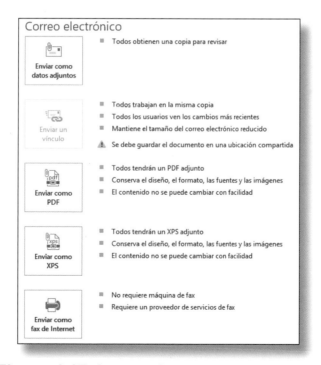

Figura 4.17. Las opciones para compartir un documento por correo electrónico.

- Por correo electrónico. Para enviar por correo electrónico un documento de Word, haga clic en Enviar como datos adjuntos. Se abrirá su programa de correo electrónico para que elija los destinatarios. El documento irá adjunto al mensaje.

- Como PDF. Si envía un documento por correo electrónico, puede hacerlo con el formato PDF, de manera que el destinatario pueda leerlo con un lector de libros electrónicos (e-reader), pero no pueda modificarlo a menos que cuente con el programa adecuado. Para ello, seleccione Enviar como PDF.

- En un blog. Para publicar el documento en un blog hay que hacer clic en Compartir>Publicar en blog. Si no dispone todavía de uno, Microsoft le invitará a abrir una cuenta de blog.

- En una presentación. Si desea invitar a sus contactos a ver su documento en Internet, haga clic en Compartir>Presentar en línea. Después, haga clic en Presentar en línea. Si lo desea, puede activar la casilla Permitir a los espectadores remotos descargar el documento, para que sus invitados puedan guardar su presentación en sus respectivos equipos.

Truco: Si desea convertir un libro al formato PDF sin necesidad de enviarlo por correo electrónico, haga clic en la pestaña Archivo y seleccione Exportar. Después haga clic en Crear documento PDF.

Crear documento PDF/XPS

- En su espacio personal de SkyDrive. Para guardar un documento en SkyDrive, hay que hacer clic en las opciones Invitar a personas>Guardar en la nube, en la ventana Compartir. Esto colocará el documento en Internet, en la carpeta que usted seleccione en su espacio de SkyDrive, donde otros usuarios a quienes usted invite podrán verlo o incluso modificarlo, según los permisos que usted acuerde.

Sus invitados no necesitarán disponer de Word para ver y/o modificar el documento. Usted podrá acceder a él desde la opción Abrir, como si estuviera guardado en su disco duro.

Figura 4.18. Comparta su documento en SkyDrive.

 **Nota:** Si usted tiene Windows 8 instalado en su ordenador, ya dispone de un espacio en SkyDrive, al que puede acceder haciendo clic en el mosaico **SkyDrive**. Utilizará la misma contraseña para entrar en Windows, para acceder a  SkyDrive, para su correo electrónico o para el programa de mensajería Messenger o Skype, que sustituirá a Messenger próximamente. Office 2013 incluye asimismo SkyDrive Pro, que se instala junto con los programas de la suite y crea su propio mosaico en la pantalla Inicio. Si no dispone de Windows 8, puede descargar fácilmente el programa gratuito Microsoft Windows Live Essentials desde la dirección oficial en http://windowslive.es.msn.com/descargas

5

REVISE
SUS DOCUMENTOS
CON WORD 2013

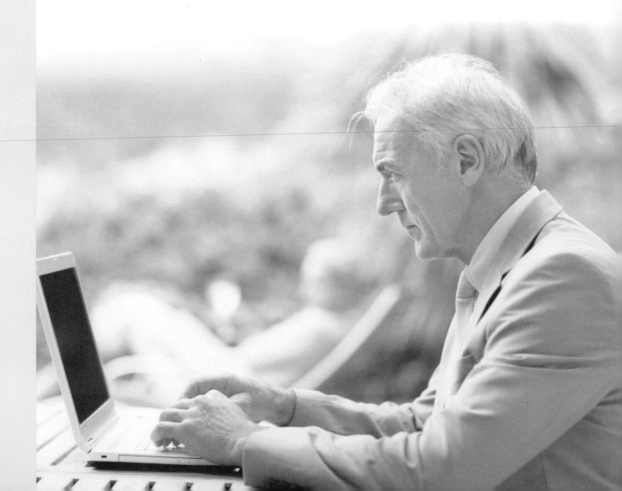

CORRECCIONES ORTOGRÁFICAS Y GRAMATICALES

Después de escribir un documento, hay que revisarlo para corregir errores o mejorarlo en lo posible.

Word detecta errores ortográficos y gramaticales y ofrece la posibilidad de corregirlos reemplazando la palabra o frase por otra. Para ello, compara las palabras escritas con las que contiene su diccionario o realiza un análisis gramatical sobre cada frase.

Word señala errores ortográficos, gramaticales o ambos, colocando una línea ondulada (azul para la gramática y roja para la ortografía) bajo la palabra que considera equivocada. Estas marcas aparecen a medida que el usuario escribe en el documento y le permiten corregir los errores sobre la marcha, haciendo clic con el botón derecho del ratón sobre la misma y seleccionando una nueva palabra en la lista que Word ofrece.

Esta función puede distraer al usuario al repetirse con excesiva frecuencia si está escribiendo, por ejemplo, un texto poético o técnico, cuyas expresiones escapan al contenido del diccionario de Word. Si le incomodan, puede desactivarlas y aplicar la corrección ortográfica y/o gramatical cuando finalice su trabajo.

PRÁCTICA:

Desactive las funciones de ortografía y gramática mientras escribe:

1. Haga clic en la pestaña Archivo y después en Opciones.

2. En el cuadro de diálogo Opciones de Word, haga clic en Revisión.

3. Desactive las casillas de verificación Revisar ortografía mientras escribe y/o Marcar errores gramaticales mientras escribe.

4. Haga clic en **Aceptar**. Si lo desea, puede reactivar esta función volviendo a marcar las casillas.

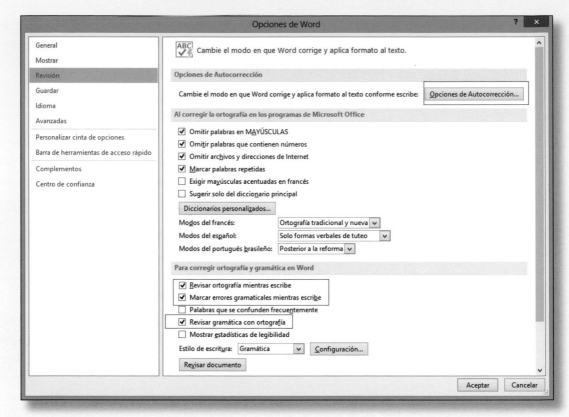

Figura 5.1. Las opciones de Word para revisión de documentos.

La opción Ortografía y gramática

PRÁCTICA:

Aplique la opción Ortografía y gramática a un documento:

1. Haga clic en la pestaña Revisar de la cinta de opciones.

2. Haga clic en la opción Ortografía y gramática para abrir el panel Ortografía que mostrará los errores detectados y las sugerencias de corrección.

3. Haga clic en el botón **Cambiar** para sustituir la palabra incorrecta por la que Word sugiere o seleccione otra entre las que sugiere y haga clic en **Cambiar**.

   - Si la palabra se repite a lo largo del escrito, haga clic en **Cambiar todas**.

   - Si Word no ofrece una palabra adecuada para sustituir la incorrecta, escríbala directamente encima de la palabra señalada y haga clic en **Cambiar**.

   - Si la palabra no es incorrecta, haga clic en **Omitir**. Si se repite en el texto, haga clic en **Omitir todas**.

   - Haga clic en **Agregar** para añadir la palabra al diccionario de Word.

4. Al hacer clic en una de las opciones de corrección, el panel mostrará el error siguiente en el texto del documento.

Figura 5.2. El panel Ortografía ofrece varias opciones de corrección.

Nota: Si Word encuentra una palabra repetida, por ejemplo, "el el libro", sugerirá eliminarla. Si no desea eliminarla, haga clic en el botón **Omitir una vez**.

Nota: Si el texto no está escrito en español, seleccione el idioma antes de revisarlo, haga clic en el botón **Idioma**, en el grupo Idioma de la ficha Revisar. Seleccione en el menú la opción Establecer idioma de corrección.

Corregir la gramática

De forma predeterminada, Word señala también los errores gramaticales del texto y sugiere la modificación oportuna. Para impedir que Word corrija los errores gramaticales junto con los ortográficos, desactive la casilla Revisar gramática con ortografía en el cuadro Opciones de Word, que puede ver en la figura 5.1.

Libros: Puede consultar el diccionario de la Real Academia de la Lengua Española en Internet en la dirección http://www.rae.es/rae.html

Truco: Si le resulta más cómodo, puede agregar el comando Ortografía y gramática a la barra de herramientas de inicio rápido. Haga clic con el botón derecho del ratón sobre el comando Ortografía y gramática de la ficha Revisar y seleccione Agregar a la barra de herramientas de acceso rápido en el menú contextual.

Figura 5.3. Agregue la revisión ortográfica a la barra de inicio rápido.

LAS OPCIONES DE AUTOCORRECCIÓN

Figura 5.4. El cuadro de diálogo Autocorrección.

La opción Autocorrección corrige automáticamente algunos errores ortográficos previamente definidos. Word 2013 trae algunos ya incluidos pero usted puede incluir tantos como desee. Por ejemplo, Word trae incluida la corrección automática de "acer" por "hacer".

PRÁCTICA:

Pruebe los elementos de autocorrección que Word trae incluidos:

1. Escriba "y izquierda". Se transformará automáticamente en "e izquierda".

2. Escriba "¿porque". Se transformará automáticamente en "¿Por qué".

3. Escriba (c). Se transformará automáticamente en el símbolo del *copyright* ©.

Toda esa información está contenida en un cuadro de diálogo que le permite cambiar, eliminar o añadir elementos. Por ejemplo, suponga que desea acortar el tiempo y el trabajo que supone escribir la palabra "extraordinariamente" o la expresión "comunidad de propietarios". También puede corregir una errata que cometa habitual e involuntariamente.

PRÁCTICA:

Incluya dos nuevos elementos en las opciones de Autocorrección:

1. Haga clic en la pestaña Archivo y seleccione Opciones.

2. Haga clic en la opción Revisión, en la lista de la izquierda, para acceder a la ficha Revisión.

3. Haga clic en Opciones de Autocorrección. Puede verlo señalado en la figura 5.1.

4. En el cuadro de diálogo Autocorrección, localice la casilla de verificación Reemplazar texto mientras escribe. Está señalada en la figura 5.4.

5. En la casilla Reemplazar, escriba "cp".

6. En la casilla Con, escriba "comunidad de propietarios". Si lo desea, puede escribirlo con mayúsculas iniciales. Word lo tendrá en cuenta.

7. Haga clic en el botón **Agregar**.

8. En la casilla Reemplazar, escriba "ext".

9. En la casilla Con, escriba " extraordinariamente".

10. Haga clic en el botón **Agregar** y después en el botón **Aceptar**.

A partir de ese momento, cada vez que escriba "cp", Word lo reemplazará automáticamente por "comunidad de propietarios" o "Comunidad de Propietarios", según lo haya escrito en la casilla Con.

En cualquier momento puede cambiar un elemento o eliminarlo, tanto si lo ha introducido usted como se trata de un elemento incluido por Word. Por ejemplo, si no desea que Word reemplace automáticamente (c) por el símbolo del *copyright*, puede hacer lo siguiente:

PRÁCTICA:

Pruebe a anular o eliminar un elemento de Autocorrección de Word:

1. Escriba "(c)".

2. Cuando Word reemplace la "c" entre paréntesis por el símbolo del *copyright* ©, puede anular la corrección automática de dos formas:

   a) Haciendo clic en el botón **Deshacer** de la barra de herramientas de acceso rápido.

   b) Acercando el ratón a la palabra corregida y cuando aparezca una pequeña línea azul, haciendo clic en el icono Opciones de autocorrección. Esto le dará acceso a un menú en el que seleccionar volver a la palabra anterior a la corrección (en este caso, (c)), o bien detener la corrección automática. Haga clic en Controlar las opciones de Autocorrección para abrir el cuadro de diálogo de la figura 5.5.

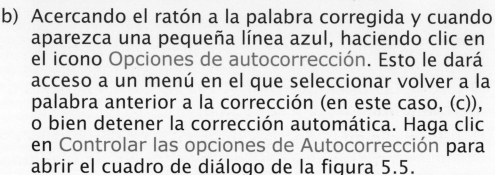

Figura 5.5. El botón da acceso al menú Opciones de Autocorrección.

Para modificar un elemento, por ejemplo, en lugar de reemplazar "cp" automáticamente por "comunidad de propietarios", reemplazarlo por "cantos populares", haga lo siguiente.

PRÁCTICA:

Modifique un elemento de Autocorrección:

1. Acceda al cuadro de diálogo Autocorrección.
2. Escriba "cp" en la casilla Reemplazar.
3. Escriba "cantos populares" en la casilla Con.
4. Haga clic en el botón **Modificar**.
5. Haga clic en el botón **Aceptar**.

Añada Autocorrección a la barra de herramientas

En el capítulo 1 agregamos dos comandos a la barra de herramientas de acceso rápido para tenerlos disponibles en cualquier momento con un simple clic. Agregaremos ahora las opciones de Autocorrección.

PRÁCTICA:

Agregue las opciones de Autocorrección a la barra de herramientas de acceso rápido.

1. Haga clic en la flecha situada al final de la barra de acceso rápido para desplegar el menú de la figura 5.6.

2. Haga clic en la opción Más comandos del menú. Esto abrirá la ventana Barra de herramientas de acceso rápido del cuadro Opciones de Word.

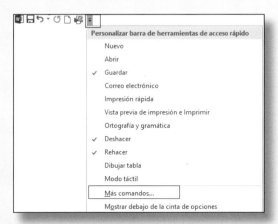

Figura 5.6. Menú Personalizar barra de herramientas de acceso rápido.

3. Haga clic en la flecha abajo de la opción Comandos más utilizados, para desplegar la lista.

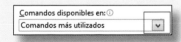

Figura 5.7. Haga clic en la flecha abajo.

4. Cuando se despliegue la lista, haga clic en la opción Todos los comandos situada en la parte superior de la lista.

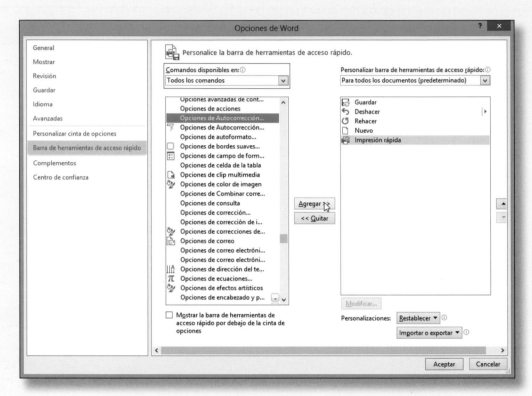

Figura 5.8. La opción Todos los comandos con las Opciones de Autocorrección.

5. Haga clic en el botón de desplazamiento y arrástrelo hacia abajo para acceder a los comandos de la parte inferior de la lista. Están ordenados alfabéticamente. Localice Opciones de Autocorrección. Hay dos pero cualquiera de ellas da acceso al comando que nos interesa.

6. Haga clic en cualquiera de los dos comandos y luego en el botón **Agregar**. Observe que la parte derecha de la ventana muestra los botones instalados en la barra de herramientas de acceso rápido.

7. Haga clic en **Aceptar**. Cuando precise acceder al cuadro de diálogo Opciones de Autocorrección, sólo tendrá que hacer clic en el nuevo botón de la barra de herramientas de acceso rápido.

Figura 5.9. La barra de herramientas de acceso rápido con el nuevo comando.

REEMPLAZAR POR SINÓNIMOS

Word 2013 ofrece una larga lista de sinónimos con los que reemplazar palabras de un documento.

PRÁCTICA:

Conozca la función Sinónimos de Word 2013:

1. Abra el documento.

2. Haga clic con el botón derecho del ratón sobre la palabra cuyos sinónimos quiera localizar.

3. En el menú contextual, seleccione la opción Sinónimos.

4. Haga clic en el sinónimo más adecuado para reemplazar con él la palabra seleccionada.

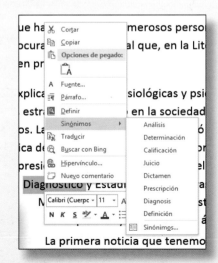

Figura 5.10. La lista de sinónimos para la palabra "diagnóstico".

6

COMPLETE Y MEJORE SUS DOCUMENTOS CON WORD 2013

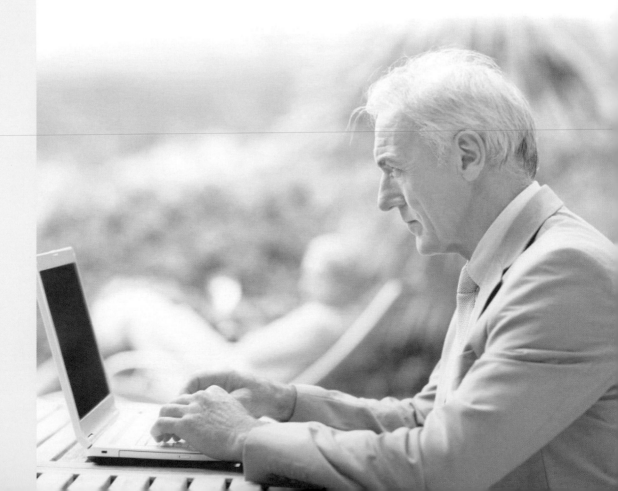

Word 2013 ofrece numerosos elementos que se pueden agregar a un documento para completarlo y mejorarlo.

Veamos algunos.

TABLA DE CONTENIDO

Si ha elaborado un texto con varios capítulos o epígrafes, puede crear fácilmente una tabla de contenido, con la condición de que los títulos esté formateados con los estilos Título 1, Título 2, Título 3 u otros estilos de títulos del panel de tareas Estilos.

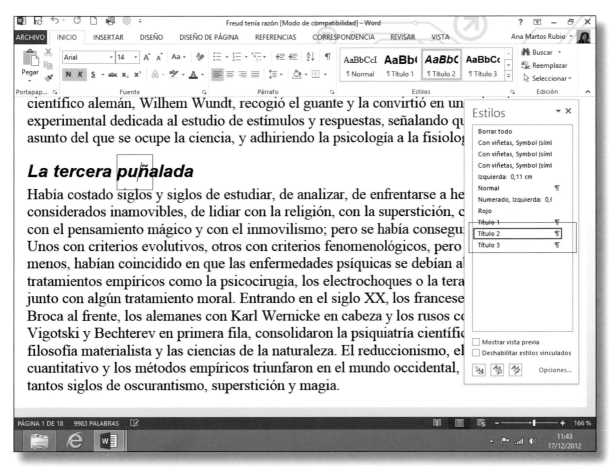

Figura 6.1. El título seleccionado y el formato de estilo de títulos.

Truco: Recuerde que para formatear un título con un estilo de título, solamente tiene que hacer clic en él y abrir el panel de tareas Estilos, haciendo clic en el botón **Iniciador de cuadro de diálogo** del grupo Estilos de la ficha Inicio. Finalmente, haga clic en el estilo de título que desee.

PRÁCTICA:

Genere una tabla de contenido en un documento que tenga títulos y subtítulos formateados con los estilos del panel de tareas Estilos.

1. Haga clic en el lugar del documento en el que quiera situar la tabla de contenido, por ejemplo, al principio o al final del texto.

2. Haga clic en la ficha Referencias y luego en el comando Tabla de contenido, en el extremo izquierdo de la ficha.

3. Haga clic en la tabla automática que desee. Se creará inmediatamente en el lugar del documento en el que haya hecho clic. Si el resultado no le agrada, puede hacer clic en el botón **Deshacer** de la barra de herramientas de acceso rápido y volver a empezar.

Figura 6.2. Menú para seleccionar una tabla de contenido automática.

Si continúa escribiendo después de insertar la tabla de contenido, puede actualizarla para incluir los nuevos capítulos o números de página, haciendo clic en el comando Actualizar tabla del grupo Tabla de contenido de la ficha Referencias. Está señalado en la figura 6.2.

NÚMEROS DE PÁGINA

PRÁCTICA:

Pruebe ahora a insertar números de página en un documento.

1. Haga clic en la ficha Insertar y después en el comando Número de página, del grupo Encabezado y pie de página.

2. Seleccione en el menú el lugar en que irá el número de página, por ejemplo, Final de página.

3. Seleccione el formato del número de página, por ejemplo, Número sin formato.

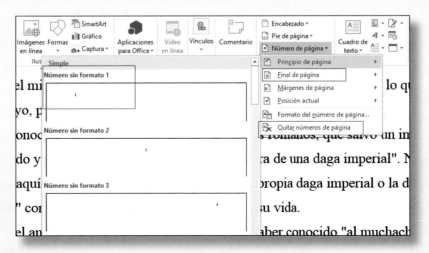

Figura 6.3. El menú para insertar números de página.

Truco: En la figura 6.3 puede ver la opción Quitar números de página que permite eliminarlos con un clic.

NOTAS AL PIE

PRÁCTICA:

Inserte una nota al pie en un documento:

1. Haga clic a continuación de la palabra de la que desee insertar la nota al pie.

2. Haga clic en la ficha Referencias y después en el comando Insertar nota al pie del grupo Notas al pie. Word le mostrará el final de la página con el número de la primera nota (véase la figura 6.4).

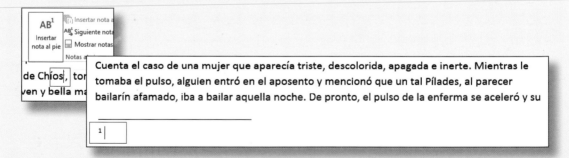

Figura 6.4. Escriba aquí la nota al pie.

3. Escriba el texto de la nota.

4. Haga doble clic en el número de la nota para volver al texto.

5. Para ver el contenido de la nota al pie, aproxime el cursor al número de la nota.

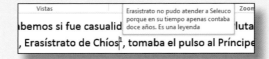

Figura 6.5. Aproxime el ratón a la nota para leerla.

Modificación de las notas al pie

Para ver todas las notas al pie, haga clic en el comando Mostrar notas del grupo Notas al pie de la ficha Referencias. Para volver al texto, haga doble clic en el número de una de las notas.

- Para modificar una nota, hay que seleccionarla y escribir encima el nuevo texto.

- Para formatear una nota, hay que seleccionarla y aplicarle un formato de carácter.

- Para borrar una nota al pie, hay que seleccionar el número de la nota y pulsar la tecla **Supr**. No es posible eliminar una nota borrando su texto, sino que hay que eliminar el número o letra correspondientes.

- Para ir a una nota determinada, hay que hacer doble clic en la marca de referencia del texto, es decir, el número o letra que corresponde a esa nota.

- Para insertar una nota al final en lugar de una nota al pie, haga clic en el comando Insertar notal al final, que está situado junto a Insertar nota al pie.

- Para recorrer las notas de un texto, hay que hacer clic en la opción Siguiente nota al pie.

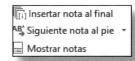

INSERTAR IMÁGENES

Word permite insertar todo tipo de objetos en los documentos. Para ello hay que utilizar los comandos de la ficha Insertar.

Para ilustrar un texto, por ejemplo, podemos insertar una imagen o una fotografía. Office 2013 ofrece imágenes prediseñadas gratuitas que se pueden descargar, pero también invita a descargar imágenes de Internet sin salir de Word.

Advertencia: Las imágenes de Internet pueden tener copyright. Si va a insertar una en un texto que después vaya a publicar, asegúrese de que no tiene derechos de autor, por ejemplo, la imagen de un cuadro de un museo. En todo caso, las imágenes que se descargan a través de Word, ya sean desde Office en línea o a través del buscador Bing, pueden utilizarse gratuitamente.

PRÁCTICA:

Inserte una imagen en un texto:

1. Haga clic en el lugar del texto en el que quiera colocar la imagen.
2. Haga clic en la ficha Insertar.

Figura 6.6. Ficha Insertar mostrando el grupo Ilustraciones.

3. En el grupo Ilustraciones de esta ficha, haga clic en Imágenes para insertar una imagen guardada en su equipo.

4. Localice la carpeta que contiene la imagen. Word irá directamente a buscarla a Mis imágenes. Haga clic en la imagen y después haga clic en **Insertar**.

Las imágenes prediseñadas de Office

Microsoft Office 2013 ofrece numerosas imágenes prediseñadas que pueden descargarse y utilizarse de forma totalmente gratuita.

PRÁCTICA:

Descargue una imagen prediseñada:

1. Haga clic en el lugar del texto en el que quiera colocar la imagen.

2. Haga clic en la ficha Insertar.

3. En el grupo Ilustraciones, haga clic en Imágenes en línea.

4. En el cuadro Insertar imágenes, haga clic en Imágenes prediseñadas de Office.com.

5. Para buscar una imagen por categorías, escriba la palabra o palabras clave en la casilla de búsquedas, por ejemplo, familia, y haga clic en la lupa.

6. Cuando encuentre una imagen que le agrade, haga clic en **Insertar.**

Las imágenes de Internet

Si ninguna de las imágenes prediseñadas de Office es válida, Word permite ir directamente a Internet para localizar imágenes con el buscador de Microsoft, Bing.

Hemos creado un texto que trata de la locura de amor en la historia. Para ilustrarlo, vamos a descargar de Internet la imagen de un cuadro de Jacques-Louis David que representa el sufrimiento de Antíoco por amor a su madrastra Estratonice.

PRÁCTICA:

Inserte una imagen descargada de Internet:

1. Haga clic en el documento, en el lugar en el que quiera insertar la imagen.
2. En el grupo Ilustraciones de la ficha Insertar, haga clic en Imágenes en línea.
3. En el cuadro Insertar imágenes, haga clic en Búsqueda de imágenes de Bing. Escriba el nombre de la imagen en la casilla Buscar y haga clic en la lupa.

Figura 6.7. El cuadro Insertar imágenes con la casilla de búsquedas.

Si no conoce el nombre de la imagen, escriba una o más palabras clave para iniciar la búsqueda, por ejemplo, david antioco.

4. Haga clic en una de las imágenes que localice Bing con el famoso cuadro de David y después haga clic en **Insertar**.

Ajuste de la imagen

Al insertar una imagen gráfica, aparece la ficha Formato de Herramientas de imagen que vimos al trabajar con texto artístico de WordArt.

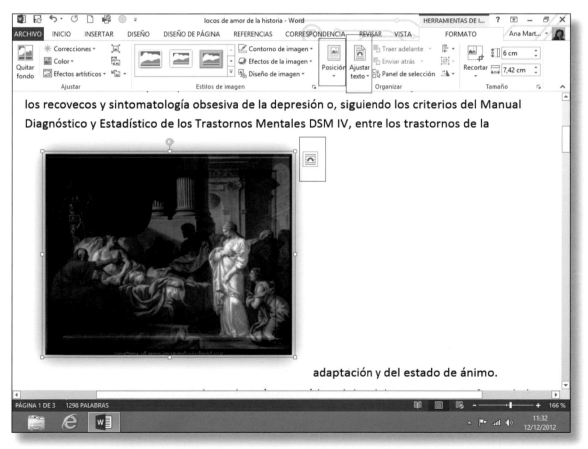

Figura 6.8. Así aparece la imagen insertada.

Cada vez que seleccione la imagen haciendo clic en ella, aparecerá esta ficha con opciones para ajustar y retocar la imagen. La imagen se sitúa en el lugar seleccionado previamente. A su alrededor aparecen los controladores de tamaño y posición. A su derecha, el botón **Opciones de diseño**. (véase la figura 6.8.)

PRÁCTICA:

Ajuste y mejore la imagen insertada.

1. Para ajustar el tamaño de la imagen, haga clic sobre ella para seleccionarla. Aparecerán los controladores de tamaño a su alrededor como pequeños círculos. Aproxime el ratón a un controlador de esquina (para no perder la relación de tamaño) y cuando se convierta en una flecha de dos puntas, haga clic y arrastre hacia dentro para disminuir el tamaño de la imagen o hacia fuera para agrandarla.

2. Si quiere recortar parte de la imagen, haga clic en la opción Recortar de la ficha Formato. Cuando aparezcan los controladores de recorte en las esquinas de la imagen, haga clic y arrastre hacia dentro.

Figura 6.9. La herramienta de recorte.

3. Para colocar la imagen respecto al texto del documento, haga clic en el botón **Opciones de diseño** que aparece junto a ella. Haga clic en la opción Con ajuste de texto y seleccione Estrecho. Compruebe que está activado el botón de opción Mover con el texto. También puede utilizar las opciones de los comandos Posición y Ajustar texto.

Figura 6.10. Ajuste del texto en torno a la imagen.

4. Para mejorar la imagen, haga clic en la opción Correcciones del grupo Ajustar de la ficha Formato de Herramientas de imagen. Puede modificar el color, el brillo y el contraste de la imagen. Pruebe también la opción Efectos artísticos.

5. En el grupo Estilos de imagen, haga clic en algunos de ellos para comprobar el efecto. Algunos son realmente vistosos.

6. Para comprobar el resultado, haga clic en Lectura, en la barra de estado, para ver el documento como un libro electrónico.

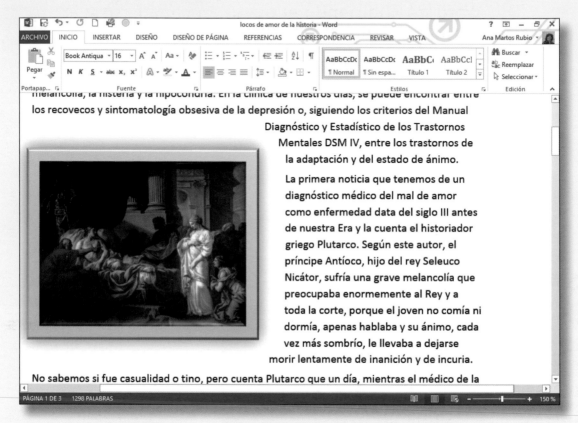

Figura 6.11. La imagen con un efecto artístico.

LOS GUIONES

PRÁCTICA:

Para poner guiones, hay que hacer lo siguiente:

1. Haga clic en el comando Guiones del grupo Configurar página de la ficha Diseño de página.

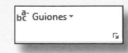

- Para aplicar los guiones automáticamente, haga clic en Automático.

- Para controlar los guiones, haga clic en Manual. Word irá sugiriendo el guión en cada caso y le permitirá aceptar o cambiar.

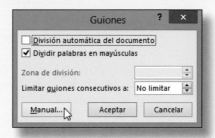

Figura 6.12. El cuadro de diálogo Guiones.

SALTOS DE PÁGINA Y SECCIÓN

Word inserta un salto de página cada vez que completa el número de líneas de texto que llenan una página, según los márgenes, el tamaño del papel, etc. Si necesita insertar un salto de página manual, pulse al mismo tiempo las teclas **Control** e **Intro**.

Una sección es una división del documento que se diferencia de las restantes secciones, por ejemplo, en que lleva un espaciado o un interlineado diferente. Esta opción es interesante si tiene que aplicar diferente diseño y formato a las distintas partes de un documento. Para insertar el salto de sección, haga clic en la ficha Diseño de página y después seleccione el comando Saltos del grupo Configurar página.

Figura 6.13. Menú para insertar un salto de sección.